Jaime Peñafiel

El General y su tropa
Mis recuerdos de la familia Franco

Colección España Hoy / 17

Jaime Peñafiel

El General y su tropa
Mis recuerdos de la familia Franco

EDICIONES TEMAS DE HOY

Primera edición: noviembre de 1992
Segunda edición: diciembre de 1992
Tercera edición: diciembre de 1992
Cuarta edición: enero de 1993

Colección: ESPAÑA HOY

Paseo de la Castellana, 93. 28046 Madrid
Diseño de cubierta: Nacho Soriano
Fotografías de cubierta e interior facilitadas por el autor
Depósito legal: M. 19-1993
ISBN: 84-7880-212-6
Compuesto en Fernández Ciudad, S. L.
Impreso en Talleres Gráficos Peñalara, S. A.
Printed in Spain - Impreso en España

INDICE

INTRODUCCIÓN

EL GENERAL Y SU TROPA

La mitad de mis treinta y cinco años de trayectoria profesional, exactamente la mitad, se desarrollaron durante el franquismo puro y duro. Unas temporadas más duro que otras, pero siempre duro.

Como la inmensa mayoría, por no decir la totalidad de los periodistas que ya lo éramos entonces y lo seguimos siendo, supe amoldarme a la situación política imperante, que no era precisamente la más cómoda y fácil para ejercer una profesión cuyo imperativo es la libertad. Pero una censura intransigente y cerril no permitía la menor licencia ni el más involuntario desliz.

Reconozco que por desempeñar mi trabajo en la prensa de evasión lo tuve más fácil y cómodo que los periodistas que lo hacían en la prensa de opinión. De todas formas, tanto ellos como yo sabemos que nuestras obras se conservarán, de por vida, en esa conciencia del hombre del siglo XX que son las hemerotecas y que a muchos nos gustaría fueran pasto de las llamas, aunque no hay nada más fácil que asumirlo. ¡Qué sabrá nadie lo que era ejercer de periodista en pleno franquismo!

Confieso con humildad que las coordenadas de la revista *¡Hola!*, publicación de la que fui redactor jefe a lo largo de casi veinte años, me permitieron moverme entre el Poder, entendiéndose como tal la Jefatura del Estado, el único poder existente, sin necesidad de comprometerme. Mi obligación era simple y sencillamente contar y no opinar, norma que sigue imperando en la prensa de evasión, de tan larguísima trayectoria en el tiempo, la distancia y los avatares políticos. *¡Hola!,* por nombrar la que más conozco, vale tanto para un roto como para un descosido, que es tanto como decir para una dictadura como para una democracia.

Cierto es que yo tenía mi opinión sobre las personas que trataba y los acontecimientos de que era privilegiado testigo, pero estaba condenado, si quería seguir siéndolo, a reflejar tan sólo lo que el fundador de *¡Hola!* llamaba «la espuma de la vida», que era menos que un descafeinado relato en el que sólo quedaban reflejadas las luces, no las sombras del General y su tropa. A solas con él, compartí numerosas jornadas de montería en un puesto de caza de la finca El Cerrón del castillo de Prim, en los Montes de Toledo. O acompañándole en el *Azor.* O en largas y nocturnas sobremesas tras las cacerías mientras los invitados jugaban al mus y el General y yo veíamos por décima vez la película *Raza,* de cuyo guión era autor. O acontecimientos familiares como la boda de la «nietísima» o la onomástica de aquella oligarquía de las Cármenes que eran la abuela, la hija y la nieta, quienes tan decidida actuación tuvieron en aquella boda-conspiración, que de haberse celebrado unos años antes, a lo peor hoy los reyes de España se llamarían Alfonso y María del Carmen.

Este libro no intenta, por supuesto, ser una contribución a la Historia. Como mucho, una simple recopilación de anécdotas, recuerdos y testimonios, más o menos valiosos, que permitirán disponer de la visión de un hombre, que ya no existe, e impedir que se desvanezca con el tiempo la memoria de sus hechos públicos y privados.

Uno decide escribirlo para evitar algo muy trágico en la vida de un ser humano: olvidar. Porque el olvido, tanto si se trata de recuerdos colectivos como recuerdos individuales, supone la muerte verdadera del hombre.

Confieso con Stevenson que mi memoria es magnífica para olvidar, pero tantas cosas nos han pasado ante los ojos que, aunque muy lejos en algunos casos, atrás flota la memoria de los hombres, de las cosas, de los actos, de los pueblos, de las conductas, de los errores, de los pecados, de las negaciones de la justicia.

De todo esto y mucho más hay en la vida del General, para algunos un gran hombre, y a lo mejor lo fue. Pero aun así no hay que olvidar que las naciones no tienen grandes hombres más que a su pesar, como nos recuerda Baudelaire.

Del General y su tropa voy a contar todo lo que recuerdo, que es más de lo que creía, hasta el extremo de que al disponerme a escribir me sorprendo a mí mismo recordando cosas que no sabía que supiese. Tanto de Franco como de su familia, tanto del General como de su tropa, a la que así hubiera calificado el conde de Romanones de haberles conocido. ¡Y qué tropa! Porque si todas las familias felices se parecen, ésta, feliz o desdichada, lo es a su manera. Esta tropa, concretamente ésta, ha preferido volver a la masa de la humanidad oscura y olvidarlo todo de su General. Pero olvidan que los recuerdos son como una esperanza invertida: se mira el fondo del pozo como antes se miraba a la cima de la torre.

He puesto una lámpara a la entrada de este libro para que ayude a disipar las tinieblas que envuelven estas vidas. Porque yo, como Plutarco, no escribo historias sino vidas.

Me gustaría que la mejor parte de los recuerdos del General y su tropa residieran fuera de mí, «en el sonido de una melodía, en el aroma de un perfume o en el olor propio de una habitación». Pero mucho me temo que estos recuerdos son vientos que van a traer nubarrones y tormentas, aunque algunos de estos recuerdos, estas anécdotas, estos testimonios, como amigos comunes, sabrán reconciliarse con mis lectores. No me cabe la menor duda.

Capítulo I

FRANCISCO FRANCO BAHAMONDE, EL GENERAL

Francisco Franco Bahamonde nace un 4 de diciembre de 1892 a las cero horas, treinta minutos, en la localidad coruñesa de El Ferrol, a la que luego se le añadiría lo «del Caudillo». Y lo fue él «por la gracia de Dios», como figuraba en las monedas de duro y de peseta.

Al niño, que viene al mundo con poco peso, algo raquítico y escaso de testículos (a diferencia de los varones recién nacidos, que los suelen tener exagerados), le bautizan en la parroquia castrense de la localidad y le imponen los nombres de Francisco, como su abuelo paterno; Hermenegildo, como su abuela paterna, y Teódulo, que debía ser el santo del día.

Aunque quiso ser marino, como su padre, y masón, como su hermano Ramón, no fue admitido ni en la Armada ni en la masonería. Solicita y obtiene, el 9 de julio de 1907, con sólo quince años, plaza en la Academia de Infantería de Toledo. Tres años más tarde, el 13 de julio de 1910, ya es segundo teniente de Infantería por promoción.

Entre esta fecha y la del 3 de febrero de 1926 el muchacho no sólo llega a general, cuando aún no ha cumplido los treinta y cuatro años, sino que consigue cinco medallas militares con distintivo rojo, dos grandes cruces de primera clase de María Cristina, una de sufrimientos por la patria, la Gran Cruz del Mérito Naval, por el desembarco de Alhucemas, y la Medalla Militar Individual. Todo ello por matar moros en el norte de Africa.

Tan ocupado y entusiasmado estaba el «comandantín», como le llamaban por su escasa estatura, que ni tiempo tiene de casarse. Por dos veces aplaza la boda con la señorita Carmen Polo y Martínez Valdés, con la que había ennoviado en el verano de 1916, cuando al ser herido gravemente en Marruecos es ascendido a comandante y destinado al Regimiento del Príncipe en Oviedo, donde nace y donde pace Carmen Polo, «perteneciente a una de las familias más distinguidas y adineradas», como entonces escribían los cronistas de sociedad.

Allí, en la capital asturiana, conocería no sólo a personas de posición social más elevada que la suya, como eran los Polo, cuya casa no se parecía en nada a la de Paco —el «comandantín» nunca había visto tanto salón, ni tanta cortina, ni tanta alfombra, cuadros, lámparas, vajillas, cristalerías, cornucopias y criados—, sino también a los obreros de la cuenca minera que vivían en condiciones infrahumanas y a los que tuvo que reprimir con su regimiento. Posiblemente esto le marcó hasta el extremo de convertirle a lo largo de toda su vida en un represor.

Y entre ambas abismales situaciones eligió la primera: la alta sociedad, y no lo social. El General nunca quiso al obrero.

La boda, que se celebra el 22 de octubre de 1923, es la de un militar con futuro —¡y qué futuro!— con una muchacha guapa, «de cara fina y elegante», según Pilar Jaraiz Franco, la prima roja y rebelde.

La novia, que luce un bonito traje y una impresionante cruz de brillantes —ya sentía pasión por las joyas—, hace su entrada en el templo... ¡bajo palio! ¡Qué predestinación! La sombra de un palio ampararía a la pareja a lo largo de más de medio siglo. El padre del novio no asiste a la boda dado el enfrentamiento que mantiene con su hijo a causa de sus aventuras amorosas extraconyugales.

Franco va y viene de Africa a la península. Cada vez con una estrella y una medalla más. Y un 14 de abril de 1931 se proclama la República, con la consiguiente caída de la Monarquía de la que el General era Gentilhombre de Cámara desde 1923; le clausuran la Academia General Militar de Zaragoza siendo él director y triunfa el Frente Popular, un 16 de febrero de 1936.

El 18 de julio de 1936 el General se levanta contra un poder legalmente constituido como es la República. Por decreto de 29 de agosto restablece la bandera roja y gualda, esa que hoy compite con la senyera catalana, la verde y blanca andaluza y otras quince banderas más.

El día 1 de abril de 1939, con un millón de muertos sobre su conciencia, de su puño y letra escribe un curioso documento que él llama «parte de guerra», redactado, es un decir, en los siguientes términos: «En el día de hoy, cautivo y desarmado el ejército rojo, han alcanzado las tropas nacionales sus últimos objetivos militares. La guerra ha terminado. Burgos, 1 de abril de 1939. Año de la victoria.»

La «redacción» primitiva de este documento ológrafo no fue la leída por Radio Nacional y publicada en los periódicos del Movimiento. En el original, a simple vista se observa que, bajo la frase definitiva de «cautivo y desarmado el ejército rojo...», había escrito «después de haber desarmado a la totalidad del ejército rojo...». Al General debió parecerle poco expresivo y contundente, por lo que, con trazo más rotundo e intenso, quiso dejar su impronta de carcelero de unos españoles que habían luchado por la democracia y la libertad.

En el citado original, que tuve la oportunidad de ver, también se observan dos descomunales faltas de ortografía corregidas por la mano del autor. Así, el verbo «an alcanzado» fue escrito al principio sin «h», y en lugar de «objetivos» había puesto «ojetivo». ¿Lo advirtió el propio General o se lo hicieron notar?

El día 18 de octubre de 1939 Francisco Franco se despide del pueblo burgalés, donde ha tenido a lo largo de la guerra su cuartel general y su hogar, trasladándose provisionalmente al castillo de Viñuelas, próximo a Madrid, mientras se acondiciona el palacio de El Pardo. El General y su reducida tropa, esposa e hija, hacen su entrada en él un 15 de marzo de 1940.

En este palacio, construido cuatro siglos antes que el General decidiera transformarlo en residencia hasta su muerte, vivieron temporalmente varios reyes de España, desde Felipe II hasta Alfonso XII, que murió allí de tuberculosis.

Entre estos muros esperaron su boda María Cristina de Habsburgo, en 1880, y Victoria Eugenia de Battenberg, en 1906. Y en este palacio, que como patrimonio nacional pertenece a todos los españoles, el General vio cómo se incrementaba su tropa tras la boda de su única hija, Carmencita, con el joven médico y señorito andaluz Cristóbal Martínez Bordiu (10 de abril de 1950). A lo largo de catorce años la residencia oficial del jefe del Estado se convertía, periódicamente, en un palaciego paritorio (nótese que la princesa Sofía, hoy reina de España, daba a luz a sus tres hijos en la clínica Nuestra Señora de Loreto, situada en el populoso barrio madrileño de Cuatro Caminos). Y así fue aumentando la tropa:

— 26 de febrero de 1951. Nace en el palacio de El Pardo el primer nieto del General. Es una niña y se llamará María del Carmen.

— 19 de noviembre de 1952. Nace en el palacio de El Pardo el segundo nieto del General. Es una niña y se llamará María de la O.

— 9 de diciembre de 1954. Nace en el palacio de El Pardo el tercer nieto del General. Es el primer varón y se llamará Francisco.

— 6 de julio de 1956. Nace en el palacio de El Pardo el cuarto nieto del General. Es una niña y se llamará María del Mar.

— 10 de febrero de 1958. Nace en el palacio de El Pardo el quinto nieto del General. Es un varón y se llamará Cristóbal.

— 16 de septiembre de 1962. Nace en el palacio de

El Pardo el sexto nieto del General. Es una niña y se llamará María Aránzazu.

— 8 de julio de 1964. Nace en el palacio de El Pardo el séptimo nieto del General. Es un niño y se llamará Jaime.

Mientras vivió entre las paredes de este palacio velazqueño, el General fue actor y testigo, entre otros acontecimientos de importancia histórica, del final de la Segunda Guerra Mundial (1945), del boicot de la ONU a su régimen dictatorial (9 de febrero de 1946), de la retirada de los embajadores acreditados en España (9 de diciembre de 1946), de la inauguración de la fábrica Seat (5 de octubre de 1955), del reconocimiento de la independencia de Marruecos (18 de mayo de 1956), de las inauguraciones de la TVE (28 de octubre de 1956) y de la basílica de la Santa Cruz del Valle de los Caídos (1 de abril de 1959), de la primera entrevista con el conde de Barcelona en Cáceres para tratar de la educación del príncipe Juan Carlos (29 de marzo de 1960), del accidente de caza que le hiere gravemente la mano izquierda (24 de diciembre de 1961), de la boda del príncipe Juan Carlos (15 de mayo de 1962), del referéndum sobre la Ley Orgánica del Estado (14 de diciembre de 1966), de la visita a Madrid de la reina Victoria Eugenia y el conde de Barcelona con motivo del bautizo del príncipe Felipe (8 de febrero de 1968), de la declaración del Estado de Excepción en toda España durante tres meses (25 de enero de 1969), del juramento del príncipe Juan Carlos de lealtad al Jefe del Estado y a los Principios del Movimiento en las Cortes (23 de julio de 1969), del estallido del caso Matesa (4 de agosto de 1969), del consejo de guerra en Burgos contra dieciséis miembros de ETA con petición de nueve penas de muerte (3 de diciembre de 1970), de la amnistía para tres mil presos políticos y comunes con motivo del trigesimoquinto aniversario de la exaltación del General a la Jefatura del Estado (1 de octubre de 1971), del nombramiento del almirante Carrero Blanco como primer presidente de su Gobierno (9 de junio de 1973) y su posterior asesinato por un comando de ETA (20 de diciembre de 1973), del nombramiento de Carlos Arias Navarro, el «carnicerito de Málaga», ministro de la Gobernación, como nuevo presidente de su Gobierno (29 de diciembre de 1973).

El 12 de julio de 1974 ve con tristeza cómo el príncipe Juan Carlos tiene que asumir la Jefatura del Estado en funciones por su grave enfermedad; el 2 de septiembre de ese mismo año, terminada su convalecencia, reasume sus poderes. El 1 de octubre de 1975, en plena descomposición física de su persona y de su régimen, la plaza de Oriente, la «del millón de españoles», vuelve a ser escenario de un espejismo de adhesión a su persona, la última. Porque el 21 de octubre de 1975 en su dormitorio de El Pardo el General sufre una grave insuficiencia coronaria que obliga a su sucesor, el príncipe Juan Carlos, a asumir por segunda y definitiva vez la Jefatura del Estado en funciones (30 de octubre de 1975).

Al General sólo le faltó morir entre los muros del palacio de El Pardo, como el rey Alfonso XII, pero lo hizo el 20 de noviembre en una clínica de la Seguridad Social que llevaba el nombre de La Paz, siendo Jefe del Estado según las leyes promulgadas bajo su mandato, con poderes y prerrogativas excepcionales reservados por él y para él mismo hasta el momento de su muerte y sin que nunca contemplara la declaración de incapacidad. Sólo ese día, jueves, 30 de octubre, cuando pregunta a los «médicos del equipo habitual»: «¿Qué tengo?», y al escuchar la respuesta: «Ha padecido su excelencia un infarto de miocardio y además una complicación intestinal grave», ordena con energía: «Artículo 11, que se aplique el artículo 11.» Ese día y en ese preciso momento Francisco Franco Bahamonde, el General, dejaba de ser Jefe del Estado.

De la enfermedad del General, enfermedad que acabaría con su vida y con su régimen, los españoles sólo supimos lo que el famoso «equipo médico habitual» informaba todos los días a través de sus lacónicos y a veces ininteligibles partes, redactados con un excesivo tecnicismo. Aunque como me han confesado algunos de estos médicos años después, su preocupación era que los partes fueran «veraces, científicos y comprensibles para los españoles». Posiblemente con el fin de ocultar o disfrazar la realidad, que no era otra que el General se moría sin remedio, como todo hijo de vecino, dichos partes eran un galimatías para un profano y nadie se creía que con aquel *vademecum* (enfermedad de Parkinson, cardiopatía isquémica con infarto de miocardio anteroseptal y de cara diafragmática, úlceras digestivas agudas recidivantes con hemorragias masivas reiteradas, peritonitis bacteriana, fracaso renal agudo, tromboflebitis ileo-femoral izquierda, bronconeumonía bilateral aspirativa y choque endotóxico) el General no se hubiera muerto ya. Una sola de aquellas lesiones hubiera acabado hacía tiempo con la vida de cualquier hombre, no de ochenta años, sino de cincuenta.

De todas formas no había que ser el doctor Marañón para sospechar que lo que aquellos partes reflejaban no era otra cosa que una cruel, despiadada e inhumana lucha de los componentes del «equipo médico habitual» por prolongar la vida del General más allá de lo humanamente permitido, como era su obligación, pero... hasta un límite. También podía tratarse de la resistencia de Franco a morir, como antes se había resistido a dejar el poder. Y, ¿por qué no?, intereses inconfesables de ganar tiempo al tiempo... políticamente hablando.

Pero habían de transcurrir nueve años, exactamente hasta el 20 de octubre de 1984, para que todo el mundo conociera el horror de lo que había sido aquella habitación de la primera planta de la clínica La Paz, convertida durante trece días, del 7 al 20 de noviembre, en un macabro laboratorio en el que se intentaba prolongar la vida del General más allá de la muerte, por medios científicos, primero, artificiales después y hasta mecánicos en los últimos días.

¿Estaban de acuerdo todos los componentes del «equipo médico habitual»? Quizá no, porque como recuerda el doctor Pozuelo, médico de cabecera de Franco, «alguien planteó la necesidad de dejar morir tranquilo a este hombre». La respuesta fue, según el propio doctor Pozuelo, «que nadie saque fuera de esta consulta una sola información».

Y la falta de información, propia de su régimen dictatorial que se negaba a reconocer que los dictadores también se mueren, y algunas veces hasta en la cama, disparó la imaginación de los españoles y de la prensa del mundo entero, que se preguntaban: ¿Qué pueden estar haciendo en esa habitación para que el General siga viviendo, gracias a una terapia desproporcionada dada la irreversibilidad del proceso?

—Yo apenas me relacionaba con el mundo exterior. Estábamos todo el día vestidos con el pijama quirúrgico —recuerda el doctor Pozuelo—. Una tarde, cuando mi mujer vino con las piezas de ropa interior de recambio, me indicó que una persona le había ofrecido la posibilidad de que se sacara una fotografía al Generalísimo, en la cama, con un médico al lado. No existía límite de dinero para tal fotografía.

Ignoro si con ánimo de un posterior lucro económico, para tener un simple recuerdo, ¡macabro recuerdo!, o para incluirlas algún día en un historial clínico sobre la agonía y muerte del General, lo cierto es que esas fotografías, que le habían propuesto gestionar a la esposa del doctor Pozuelo, se llegaron a hacer. Con nocturnidad y alevosía, pero se hicieron. Muy pocas personas supieron, hasta que las vieron publicadas, que con una cámara fotográfica y por razones inconfesables, inexplicables y cuando menos escasamente humanitarias, habían robado el acto más íntimo de la existencia de un hombre: su agonía. Sólo tres personas lo sabían, y esas tres personas, entre las que se encontraba el autor de las mismas, se habían comprometido ante notario a no hacerlas, nunca, públicas.

CAPÍTULO II

UNA LLAMADA TELEFONICA, UNA CITA Y UN ENCUENTRO A MEDIA LUZ... LOS DOS

Con fecha de 22 de octubre de 1984 se ponía a la venta en toda España y Latinoamérica el número 3 de *La Revista,* la nueva publicación del grupo Zeta, cuyo editor, Antonio Asensio, me había encomendado lanzar y dirigir tras mi salida de *¡Hola!* En la portada, un tema que conmocionaría a todo el mundo: la exclusiva mundial con las fotografías de la agonía y muerte de Franco. «Un documento gráfico de excepcional valor histórico», como podía leerse en grandes titulares sobre la imagen terrible, dramática y estremecedora de la figurilla del General, atrozmente desgastado por el sufrimiento, tendido patéticamente a punto de convertirse en una pieza más de una estructura mecánica, enganchado como una cobaya humana a un respirator, un electro-encefalograma, una máquina de hemodiálisis y otra de control remoto de temperatura, pulso y respiración, tubos de transfusión de sangre, electrodos, aparatos de presión arterial y venosa, una sonda balón esófago-gástrico, otra sonda intraabdominal, drenajes abdominales y ventosas.

¿Cómo habían llegado a mí estas fotografías que a lo largo de nueve años no sólo no habían aflorado a la luz, sino que nadie, absolutamente nadie salvo sus autores, sabían que existiesen? Es una curiosa historia que por su interés merece ser conocida.

Cuando el 15 de octubre de 1984 se lanzaba al mercado con una espectacular campaña de promoción *La Revista,* cientos de miles de españoles se dispusieron a contemplar lo que, a juicio de la famosa columnista de *El País,* Rosa Montero, era un duelo entre «la vieja emperatriz», *¡Hola!,* y «la joven princesa», que nacía bajo mi dirección. Lo que parecía darle una mayor competencia y morbosidad era una guerra abierta entre ambas por ganarse esos lectores que habían quedado divididos con mi marcha, después de veinte años en la publicación, que tanto identificaban con mi nombre. Y esa guerra sólo se podía ganar con grandes exclusivas a base de millones sobre millones.

Pronto se corrió la voz de que *La Revista* pagaba más que *¡Hola!*: treinta millones por la boda, la segunda, de una folclórica; quince por las «memorias» de un ama de llaves infiel; siete por un supuesto divorcio; seis por el aborto, también supuesto, de la esposa de un primo del Rey; cinco por unas simples fotografías de la entrevista de una famosa metida a reportero con su ex, etc.

Todo el que tenía algo que vender acudía a mi despacho, después de haber visitado el del nuevo director de *¡Hola!,* situado al otro lado del puente de Juan Bravo sobre la Castellana, por el que iban y venían, como recordaría Alfonso Ussía en una deliciosa columna de *ABC,* folclóricas, marquesas, príncipes, cantantes y gentes famosas, famosillas, populares y popularcillos, de bien y mal vivir, intentando colocar a *¡Hola!* o a *La Revista* su historia, auténtica o falsa, real o ficticia. Lo importante era llevarse el dinero, un dinero abundante y fácil, vendiendo las grandezas y miserias de sus vidas, más miserias que grandezas.

El día 20 de octubre recibía en mi despacho de la calle Serrano, esquina a Juan Bravo, una extraña y sorprendente llamada telefónica desde un lugar de cualquiera de las costas españolas. Mi interlocutor, un personaje importante del franquismo, tan importante que a lo largo de treinta años había aparecido siempre junto al General, a quien sirvió como un perro fiel hasta el día de su muerte, el 20 de noviembre de 1975. Ese día fue, precisamente, el último que le vi, cuando sellaban el féretro que contenía los restos mortales del General, y cuando horas después le introducían en la tumba del Valle de los Caídos.

Confieso mi sorpresa por esta llamada, ya que mi relación con dicho personaje no había sido otra que la que, como periodista, había tenido con el *staff* del Jefe del Estado. Siempre en relación a mi trabajo. Pero hasta que se produjo aquella llamada telefónica no supe el afecto, admiración y respeto que por mí sentía tal personaje. Al menos es lo que deduje de sus palabras. Como si hubiéramos sido grandes e íntimos amigos, lo que no era cierto, pero los intereses suelen hacer extraños compañeros de viaje o de cama. Y éste era uno.

La llamada estaba motivada por el deseo manifestado de que nos entrevistáramos para hacerme partícipe de una información «muy confidencial» sobre el General que podía interesar a *La Revista.*

Me resultaba difícil creer que aquel personaje era otro, uno más, de los que querían sacarme el dinero vendiéndome una exclusiva. Y de Franco, ¿a estas alturas?

Siempre había tenido a este individuo por una persona honesta y de gran categoría, aunque ¿qué sabía yo, qué sabía nadie, de la honradez y honestidad de quienes formaban parte de las Casas Civil y Militar del General?

La cita quedó fijada para el siguiente día, 21 de octubre, en el bar de un lujoso hotel de una ciudad de las costas españolas, a las cuatro en punto de la tarde. Con dos condiciones: que acudiera solo y cualquiera que fuera el resultado de nuestra entrevista le jurara que nunca revelaría ni su nombre ni el motivo de nuestro encuentro.

Suelo ser hombre de palabra y lo que prometo, sin tener que jurar, que nunca me han gustado los juramentos, lo cumplo hasta la muerte. Aunque algunos miserables no lo merezcan.

A las 16 horas de aquel 21 de octubre, que resultó ser en exceso caluroso, a pesar de lo bien entrado que estaba el otoño, llegaba yo al hotel en cuestión, que bien conocía.

Había sido escenario de la noche de bodas de mi primer y malogrado matrimonio; ¡maldita la gracia que me hizo!

Y allí, en la penumbra del bar, desierto a esa temprana hora de la tarde, que no era la del aperitivo ni tampoco la de la merienda, estaba él, o alguien que yo supuse que era él, porque, por precaución para no ser reconocido por nadie, había tomado asiento de espaldas a la entrada.

Cuando sintió que me acercaba, se volvió, se levantó y entonces no sólo le reconocí, sino que su rostro, que para mi sorpresa no había cambiado mucho con el paso de los años, me produjo una curiosa sensación de escalofrío. Le vi junto al General, como siempre le había visto, con todo lo que ese recuerdo representaba para quien había vivido con intensidad la dictadura de la que había sido uno de los administradores desde El Pardo. En el ojal de la solapa de su chaqueta, el escudo de la Casa del Caudillo: castillos, leones, laureles y laureadas.

—¡Qué bien le encuentro!

—Yo también a usted.

—¡Hace ya tanto tiempo!

—¡A mí me ha parecido que fue ayer!

—¡Qué época aquella!, ¿verdad?

—¡Verdad! ¡Qué época...!

—¡Fueron años magníficos, inolvidables...!

—Para unos mejor que para otros...

—Me refiero a la gente de orden, como usted, que fue siempre tan cariñoso y respetuoso con Su Excelencia.

—«Ca uno es ca uno», dice mi amigo y compadre Julio Iglesias.

—Ya me he enterado que ha sido el padrino de su boda allí en Miami. ¡Buen reducto anticomunista!, ¿verdad?

—Así es.

—¿Sabe usted que Julio Iglesias tiene en su casa un busto de Su Excelencia? Al menos eso me han dicho.

—Sí, es cierto, de esos de terracota. Es una figurita en la que aparece de uniforme. Su madre también tiene otra. Y su hermano. Debió de regalárselos su padre, el doctor Iglesias, que es muy franquista.

—¡Qué gran tipo el doctor Iglesias!

—Sí que lo es, pero su mujer no piensa igual.

—¡Cuánto debió sufrir con el secuestro!

—Un secuestro siempre es una canallada y una cobardía.

—Desde que murió Su Excelencia, es el plato del día. Ya nadie puede vivir tranquilo en España.

—Me imagino que desde que se jubiló usted, sí que debe de vivir tranquilo...

—No crea. Echo de menos aquellos años. Y sobre todo a Su Excelencia. Fueron treinta y dos años, treinta y dos junto a él. Día a día. Pero a todos, desgraciadamente, nos llega la jubilación.

—Peor es jubilarse por muerte.

—Tiene usted razón, amigo Peñafiel.

Y hablábamos y hablábamos. Tanteándonos. Sin atrevernos, él a exponerme el tema que nos había reunido y yo a preguntarle qué me quería vender.

—¡Qué tiempos aquellos!, ¿verdad? ¿Usted no supo nunca que Su Excelencia le tenía mucho afecto?

—Sería por lo del *¡Hola!,* que le trataba muy bien...

—No, no. Era a usted personalmente.

—Pues le confieso que no lo sabía.

—Es que usted siempre ha sido un caballero...

—Si a usted y a Su Excelencia les parecía...

—No, no es que nos pareciera. Es que usted siempre ha sabido tratar a las personas, ha sabido contar lo que debía contarse y callarse lo que había que callar.

Intuí que la conversación iba centrándose. Pensé que antes de abordar el delicado tema que, suponía, traía, necesitaba que su interlocutor fuera merecedor de tan altísima confianza. Y para ello, nada mejor que adornarme de elogios, fidelidades inquebrantables, discreción, respeto, caballerosidad y demás atributos. El tío era un tipo listo, pero a mí me estaba poniendo nervioso, pues mientras hablábamos, o mejor dicho, él hablaba y yo contestaba, sin comprometerme, pero tampoco sin espantarle, sólo pensaba: Pero, ¿cuándo va a abordar el tema? ¿Por qué está dándole tantas vueltas? Aunque yo intuía que no se atrevía, que le daba miedo. Si no, ¿a qué tanto pase de tanteo para ver por dónde yo embestía? Pero yo estaba dispuesto a recibir los tres avisos y hasta que me echaran al corral antes que asustarle por una inoportuna embestida.

El pidió un whisky con mucho hielo, y yo un café solo, sin azúcar.

—¡Qué interesante está *La Revista*! La compro desde el primer número.

Sólo habían salido hasta ese día los números uno y dos.

—Es muy duro. Hay mucha competencia. Hay que publicar grandes exclusivas y gastar mucho dinero. *¡Hola!* es mucho *¡Hola!*

—Qué pena que tuviera usted que marcharse de *¡Hola!*

—Sí, fue una pena, pero hay cosas que no se pueden negociar. Y además, veinte años con la misma gente son muchos años. La convivencia deteriora las relaciones humanas.

—No siempre. Yo estuve con Su Excelencia treinta y dos y como el primer día.

—Es que Franco debía de ser un hombre muy especial. Si usted hablara, lo que podría contar...

Pensé que había que desbloquear aquella situación de una puñetera vez o se corría el riesgo de que nos levantáramos después de dos horas de decir chorradas y nos despidiéramos como dos viejos amigos que no éramos.

—¿Sabe usted que muchas veces he estado tentado de escribir mis memorias?

—¿Y por qué no lo ha hecho?

—Porque lo que interesa, por fidelidad y respeto no lo puedo contar. Y lo que puedo contar, no interesa, porque lo conoce todo el mundo.

—¿Y por qué no se anima y me escribe algo sobre Su Excelencia para el 20 de noviembre, que será el aniversario?

—Tengo algo mejor para que usted pueda vender millones de ejemplares...

¡Por fin iba a parir la burra! ¡Aquello había sido el parto de los montes!

Capítulo III

EL INTIMO COLABORADOR DE SU EXCELENCIA QUIERE CINCUENTA MILLONES

La luz en el bar del hotel era muy tenue, tamizada como estaba por una pantalla de pergamino, y nos iluminaba, de arriba abajo, a mí más que a él, pero ello no impedía ver sus ojos, que me recordaron a los del General, pequeños, profundos y negros, tal vez por mimetismo. Los mantenía clavados en los míos mientras que, con mucho teatro, sacaba del bolsillo derecho de su chaqueta gris oscuro —todo él era gris— un sobre, uno de esos sobre normales de color blanco que se utilizan para enviar cartas normales y que se pueden adquirir en cualquier papelería o estanco.

El advertía mi curiosa tensión y se aprovechaba de ella prolongando, con sibilina morbosidad, la situación. Mis ojos iban de los suyos al sobre, que había colocado en la mesita, y del sobre a sus ojos, maliciosamente sonrientes. Yo intuí, mientras lo mantenía bajo su mano, la lucha interna que se estaba desarrollando en su conciencia: «¿Se lo enseño? ¿No se lo enseño? ¿Se lo doy? ¿No se lo doy? ¿Hago bien? ¿Hago mal?» Y como el *croupier* de la mesa de bacarrá que da la carta recreándose en la tensión del jugador que ha pedido otra, extendió su mano arrastrándola sobre el mármol de la mesa, pero sin levantarla del sobre, que yo veía aproximarse a mí con pasmosa lentitud. Seguía sonriendo, como sonríe un torturador durante el interrogatorio. De repente, retiró la mano y allí quedó frente a mí el sobre y su misterioso contenido. Disimulé y también sonreí, conteniendo el impulso de arrojarme sobre la presa y salir corriendo para contemplarla a la luz del sol y no en aquella atmósfera inquietante. Pero había que conservar el tipo y hacer honor a la opinión que de mí parecía tener o me había hecho creer que tenía. Con parsimoniosa elegancia, sin exteriorizar mi desbordante curiosidad, tomé el sobre, que estaba abierto, e introduje los dedos pulgar y corazón en su interior para sacar ¿una?, ¿dos?, ¿tres?, ¿cuatro?, ¿cinco? Sí, cinco fotografías en color de 13 por 18. Como la luz era más bien escasa, levanté las fotos hasta la pantalla para contemplarlas mejor. Lo que vi en la primera de ellas, las otras cuatro eran pequeñas variaciones sobre el mismo tema, me dejó los ojos espantados sobre la cartulina. Allí estaba el General, allí estaba el testimonio gráfico de lo que se sospechaba se había hecho a lo largo de los quince días que el General permaneció en la habitación de la primera planta de la clínica La Paz: negarle el derecho a morir tranquilamente sin dejarle aceptar la propia muerte de una manera digna. Las fotos que tenía en mis manos eran un ejemplo terrible de lo que se puede hacer con un hombre conservándolo, gracias a la tecnología, hasta el último espasmo vegetativo.

Estas fotos también demostraban que el General «acabó convertido en la terminal de una computadora, en una pieza de un complejo mecanismo industrial e instrumentalizado hasta la barbarie», según el ilustre periodista Cándido.

—Es un testimonio impresionante, dramático, estremecedor y patético —musité sin apartar los ojos de la fotografía. Todas eran iguales o a cual peor.

—Fue una pena no se le permitiera morir con la dignidad con la que había vivido ni se le concediera el derecho a morir en paz. A Su Excelencia, que fue tan valiente para poner su vida al servicio de todos los españoles, se le negó en el último momento la posibilidad de entregar su vida por voluntad de Dios —me recitó como una lección bien aprendida.

No sé si creía todo lo que estaba diciendo, aunque pienso que sí, pero me estaba aturdiendo con su discurso. Yo deseaba ir al grano, saber qué quería y, sobre todo, cuánto quería. Pero él, como si no se atreviera a tocar el tema. Desde ese punto de vista quiso, al menos, justificarse primero.

—Se preguntará por qué he recurrido a usted...

No me lo preguntaba, lo sabía. Y tras soltarme otra vez toda la retahíla de cualidades que, según él, me adornaban, confesó lo que pretendía de mí.

—Amigo Peñafiel, el otro día leí que en Inglaterra hay un movimiento, una asociación o algo parecido, que se ha fundado con el fin de que todo ser humano tenga una muerte digna.

El buen hombre había tomado el rábano por las hojas y se había hecho un lío con la noticia, o no la había entendido, porque los fines de ese movimiento del que me hablaba y que yo conocía eran, por supuesto, el deseo de una muerte digna, pero por medio de la eutanasia, para enfermos terminales o para los que quisieran terminar sin que Dios o los hombres lo decidieran. Como no era el momento de estropear la operación discutiendo sobre un tema con el que el colaborador del General quería justificarse, le di la razón y le dejé hablar.

—Como usted puede ver en estas fotografías, Su Excelencia murió como un perro al que se le han hecho toda clase de perrerías, y nunca mejor dicho. Y yo quiero que se sepa lo que reflejan estas fotografías...

¿Qué reflejaban las fotografías que tenía en mis manos y que no estaba dispuesto a soltar ya por nada del mundo? Sencillamente hasta qué grado puede encaminarse la nueva terapéutica de las unidades de vigilancia intensiva, porque si en el caso del General pueden pertenecer a la Historia las circunstancias exteriores del entorno y aun las decisiones desagradables que tuvieron que adoptar en aquellas semanas médicos, familiares y gobernantes, movidos por sentimientos que ellos entendían «humanitarios», estas fotografías ponían en duda ese «humanitarismo». ¿Por qué? Por su ambigüedad, pues si a unos sirve para acortar los sufrimientos —que en este caso no se dieron— y legitimar la eutanasia, a otros, como al General, sólo sirvió para prolongar innecesariamente un proceso irreversible de desesperanza por «razones políticas», identificadas con los sentimientos patrióticos.

¿Fue humano, racional y proporcionado —se preguntó entonces José María Martín Patiño— aplicar la cibernética a la medicina y utilizar los *scanner* para mantener con vida a un enfermo terminal, cuya muerte iba a cambiar, sin duda, el régimen político y desencadenar un proceso no suficientemente atado y bien atado?

—¿Y qué pretende hacer con estas fotografías? —me atreví a preguntarle cínicamente.

—¿A usted no le gustaría publicarlas? ¡Menudo éxito iba a tener! Lo iba a vender todo... Yo sé que usted es un caballero y no iba a manipularlas. ¿Se imagina estas fotografías en *Interviú*?: «Así murió el dictador.» «Tuvo la muerte que se merecía», o por el estilo...

—No le digo que no, pero no estaría bien —le respondí intentando barrer para casa—. No sería ni honrado ni honesto con la memoria de Su Excelencia.

—Eso me dije yo. Si algún día me decido a publicarlas, sólo hay un periodista en el que confiar. Y ese es Jaime Peñafiel. Por eso estamos usted y yo aquí. Si llegamos a un acuerdo, es porque sé que usted va a tratar con respeto la figura de Su Excelencia. ¿Le he dicho que le tenía mucho afecto?

—Sí, me lo ha dicho.

—También sé que puedo confiar y que nunca revelará el nombre de quien le ha facilitado las fotografías. Podría tener grandes disgustos y hasta que peligrara mi vida.

—Usted sabe que soy hombre de palabra.

—Me consta.

Mientras yo seguía observando una y mil veces las fotografías, él guardaba silencio, pero un sonoro silencio. Nota-

Jaime Peñafiel junto a Franco en una de las monterías en El Cerrón del Castillo de Prim.

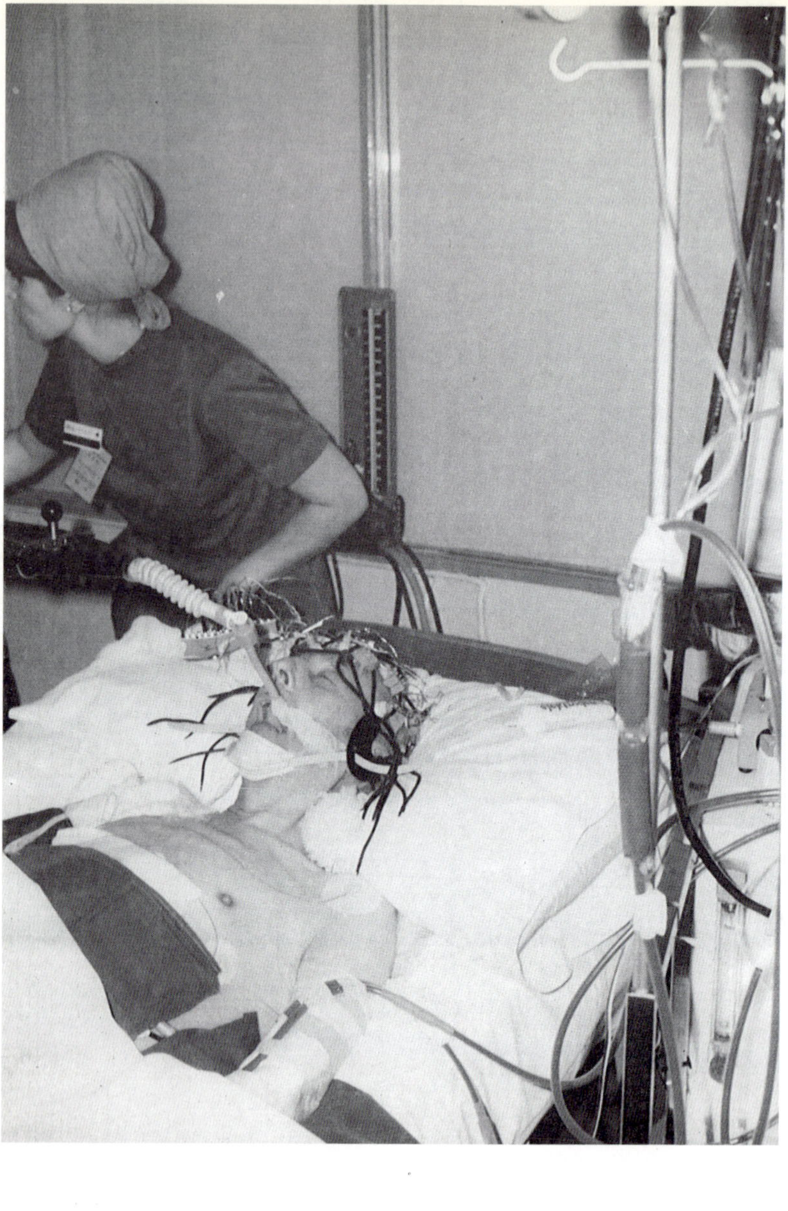

El impresionante, dramático, estremecedor y patético testimonio gráfico de la agonía del General, convertido en la terminal de una computadora, en una pieza de un complejo mecanismo industrial. Estas fotografías fueron tomadas por el doctor Martínez Bordiu, yerno de Su Excelencia, entre los tres días y las cero horas antes de su muerte.

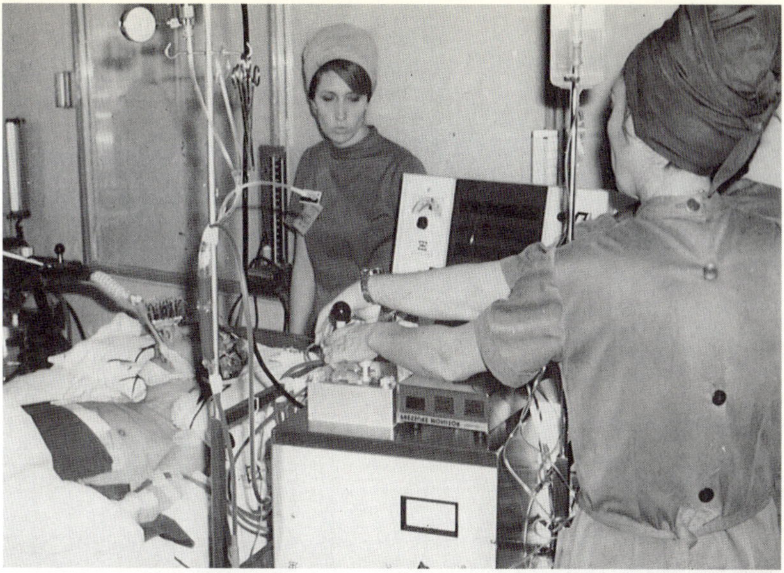

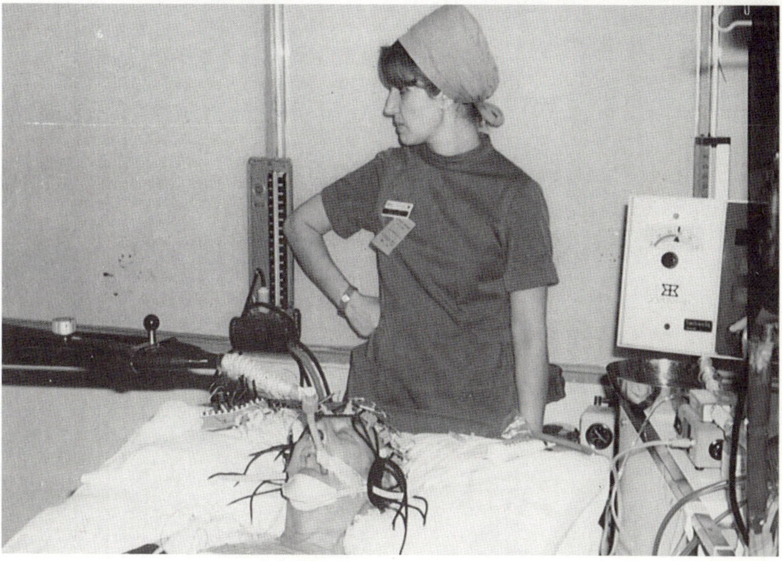

El General y algunos miembros de su «tropa» aparecen en esta fotografía, tomada el día de la petición de mano de la nietísima. Junto a ellos, los entonces príncipes de España, don Juan Carlos y doña Sofía.

SS. AA. RR. los condes de Barcelona y el embajador de España en Atenas, Juan Ignacio Luca de Tena, junto al almirante Abarzuza, ministro de Marina y representante del General en la boda de los príncipes Juan Carlos y Sofía. Esta fotografía fue censurada.

Abajo, el ministro pasando revista a los marineros griegos que rindieron honores.

Dos días antes de la boda
de su nieta, el General recibió
en audiencia al infante
don Jaime, padre del novio,
Alfonso de Borbón, que le
hizo entrega del Toisón de
Oro, momento que recoge la
fotografía. Este Toisón nunca
se atrevió a lucirlo el General.

De haberse celebrado esta boda, la de la «nietísima», años antes, a lo peor los reyes de España se hubieran llamado Alfonso y María del Carmen.

ba que quería preguntarme algo, pero no se atrevía. Si yo interrumpía la contemplación del documento gráfico y le miraba, él sonreía esperando el mejor momento para disparar. Y ¡vive Dios! que lo hizo.

—Amigo Peñafiel, por estas fotografías ¿se pagarían muchos millones?

Me lo preguntó así, sin mirarme a los ojos, mientras acariciaba el borde de la mesa como queriendo comprobar si el mármol era de Carrara o de Macael.

—Sí, se pagarían varios millones.

—Lo menos cincuenta...

Pensé que, sin espantar al pájaro, era el momento de centrar el tema económico, ya que me daba la impresión de que el ilustre e íntimo colaborador de Su Excelencia se había hecho ya las cuentas de la vieja o las de la lechera. Había que devolverlo a la realidad.

—¡Qué va! El mercado está caro, pero no tanto. Cincuenta son muchos millones...

—Según se mire, porque éste es un documento histórico y para una publicación como la que usted dirige es como si Dios le hubiera venido a ver. Todo el mundo hablará de ella.

Fue la única verdad que me dijo en toda la tarde, porque desde el primer momento que tuve las fotografías en mi mano supe que se trataba de una bomba que, cuando explotara, tendría efectos difícilmente controlables. El tema era de esos que hay que advertir «puede herir la sensibilidad de los lectores». Sobre todo aquellos lectores que, como los de la prensa de evasión, que es lo que pretendía ser *La Revista,* sólo gustan de la «espuma de la vida».

Todo esto se lo razoné. No sólo con ánimo de rebajar sus pretensiones económicas, sino porque era una verdad incuestionable e indiscutible.

—Oiga, ¿no habrá problemas jurídicos con la familia? —me atreví a preguntarle.

—Amigo Peñafiel, el generalísimo Franco no pertenece a su familia, sino a la Historia y la Historia pertenece a todos los españoles.

Hasta entonces, por el efecto emocional que la contemplación de las fotos me produjo, había olvidado preguntarle algo tan natural como de quién era el *copyright,* quién era el autor de aquellas fotografías, aunque confieso que cuando las contemplé por primera vez, pensé: «¡Qué cabrón!» Me imaginé al ilustre colaborador de Su Excelencia, que tenía frente a mí, tan serio, tan circunspecto, entrando de noche en aquel laboratorio del Doctor Jekyll en el que habían convertido la habitación de La Paz, con una instamatic en el bolsillo. ¡Click! ¡Click! ¡Click! ¡Click! De frente, de perfil, primer plano, plano medio, plano general. Sin temor a que le salieran movidas por el nerviosismo. Pero «aquello», aquel «ente», aquel «robot» ya no se movía. Imaginándome esta escena, me pareció estar frente a un canalla, un cobarde, sobre todo sabiendo que se trataba de un íntimo colaborador de Franco.

Pero desde que empezamos a hablar de dinero, reconozco que le perdí el respeto, respeto que sólo le tuve en los primeros momentos de nuestro encuentro. Hasta que enseñó sus cartas. Y con toda la confianza que da saber que estás tratando con un chalán, le pregunté con descaro:

—¿Cómo se atrevió a hacer estas fotografías? ¿No pensó que podían sorprenderle con tanto control y vigilancia como había?

—¡Pero si yo no fui el autor! ¡Pero si yo no las hice! Si las fotos las hizo el marqués...

Me respondió desagradablemente sorprendido e indignado de que lo hubiera pensado.

—¿El marqués de Villaverde? —pregunté.

—Sí, el doctor Martínez Bordiu, el hijo político de Su Excelencia, el «yernísimo», como le llamábamos.

—¡No me joda! ¡No me lo puedo creer! Perdóneme, pero yo había creído...

—Perdóneme usted que yo no se lo hubiera dicho...

—Esto cambia las cosas. Yo no las puedo publicar. Este tío me empapela... Pero, ¿cómo las tiene usted si son del marqués?

—No, estas copias no son del marqués. Estas copias son

mías. Alguien que las tenía, me hizo este regalo sabiendo todo el cariño que yo profesaba a Su Excelencia.

—Sí, pero el original es de Villaverde...

—Pero él no sabe que yo tengo estas copias que, a lo largo de todos estos años, he conservado como mi mayor tesoro.

—¿Y ahora no le importa desprenderse de él?

—Lo hago por todo lo que le he dicho.

Sentí que le tenía cogido. El sabía que aquello que había conservado con tanto amor debía valer mucho. Y cuando supo que yo había sacado *La Revista* a la calle, dispuesto a comerme el mundo pagando como el que más por las exclusivas, se dijo: «Esta es la mía. Yo me anticipo al marqués.»

—¿Usted piensa que el marqués hizo estas fotos para venderlas?

—Pienso que sí. No me dirá usted que las hizo por interés científico. En esos casos sólo se fotografía el campo operatorio, pero el marqués bien que se preocupó de que se viera en las fotografías toda la parafernalia que rodeaba la agonía y muerte de Su Excelencia. Hasta las enfermeras, que eran suyas, aparecen posando ante el pobre Caudillo. Sin respeto ni asepsia.

—Lleva usted razón. Pero si las publico, va a armarse la de Dios es Cristo.

—No creo que se atreva. Los suyos y los otros se le echarían encima.

—Sí, pero el marqués es muy chulo...

—¿Me lo dice usted a mí?

Aunque las fotos seguían valiendo lo que se quisiera pedir por ellas, los problemas que íbamos contemplando, en caso de su publicación, iban reduciendo las aspiraciones económicas del ilustre colaborador de Franco. Además, le hice ver que yo tendría que asumir solo toda la responsabilidad de la operación, ya que nunca podría revelar el nombre de quien me había facilitado el explosivo y polémico material.

—Esa es mi única condición. Y porque en usted confío es por lo que estamos aquí.

Guardamos silencio. Yo, impresionado por la revelación de lo del marqués; él, por los temores y dudas que comenzaban a invadirle, hasta el extremo de que quiso arrebatarme las fotos que yo no había vuelto a soltar de mis manos.

—¿A usted pueden obligarle a confesar el nombre de quien le ha facilitado las fotos?

Me lo preguntaba como si no se tratara de él, sino de otro.

—¡Nunca! Siempre podré acogerme al secreto profesional. Usted esté tranquilo. Sabe que nunca le delataré.

La conversación estaba tomando unos derroteros que no me gustaban. Advertía que al ilustre colaborador de Su Excelencia le estaban invadiendo el miedo y los escrúpulos de conciencia, que, ante la perspectiva de unos millones en el bolsillo, se le había quedado embotada. Había que poner los millones de nuevo sobre la mesa.

—Hablemos de dinero —le dije sonriendo.

El no se atrevió ni a preguntar cuánto. Estaba acorralado. Le había ganado la partida.

—Haciendo un gran esfuerzo, le puedo dar diez —le apunté tímidamente.

—¿Nada más?

—Piense que asumo todos los riesgos que al comienzo de nuestra conversación no sabía que existiesen. Oiga, que el marqués hasta me puede acusar de robo. ¿Y cómo demuestro yo que no las he robado?

—Yo no había pensado en todo esto. A lo peor no hago bien... ¿Le puedo hacer una pregunta? —me dijo con temor.

—Todas las que quiera.

—¿Pero me va a contestar sinceramente?

—Con la misma sinceridad que usted ha tenido conmigo.

Y poniendo su mano derecha sobre la mía, que yo tenía a su vez sobre el sobre con las fotografías, me preguntó con un angustioso temor en los ojos que hasta me conmovió:

—¿Usted piensa que estoy traicionando la memoria del Generalísimo?

No me cabía la menor duda, pero yo era un periodista que tenía un excepcional documento en las manos y no estaba dispuesto a dejarlo escapar. Con cinismo, le dije todo lo contrario de lo que pensaba.

—No sólo no traiciona usted la memoria del hombre al que ha servido durante treinta y dos años, sino que va a prestar un gran servicio: enseñar lo que hicieron con él, cómo manipularon su muerte con fines políticos inconfesables. A lo peor, para ganar tiempo con el que prolongar un franquismo sin Franco que hubiera complicado y hasta impedido la pacífica transición. Usted va a prestar un gran servicio a la Historia, que se sepa que Franco no tuvo la muerte digna que usted cree que se merecía.

Y mirando el reloj, me levanté:

—Voy a perder el avión.

—Yo le llevo al aeropuerto.

En el trayecto volvió a repetirme si creía que traicionaba a Franco, si era mejor que lo dejáramos y, en todo caso, que «ya lo pensaría». Yo no sabía qué hacer para cambiar la conversación, recordándole cuando iba a cazar con el General, aquel día que me recibió en el *Azor,* la boda de su nieta Carmencita..., pero él, dale que dale con la traición y demás escrúpulos. Hasta que llegamos al aeropuerto.

Cuando al fin me vi en el avión, saqué las fotografías y fui mirándolas a la luz del atardecer que entraba por la ventanilla. No me cabía la menor duda de que aquello era una exclusiva excepcional. Toda una bomba que yo iba a publicar, aunque estallara haciéndome mil pedazos.

¡Y claro que estalló! ¡Y de qué manera!

CAPÍTULO IV

«¿QUIEN FUE EL CANALLA QUE HIZO LAS FOTOGRAFIAS?»

A las tres de la madrugada del día 22 sonó el teléfono en mi casa. Aunque el teléfono de un periodista suele sonar a cualquier hora por muy intempestiva que ésta sea, a las tres de la madrugada no es precisamente el lechero quien hace la llamada.

Cuando descolgué el auricular, oí la voz del colaborador de Su Excelencia que, a medio tono, para no ser oído en su propia casa, se preguntaba con angustia más a sí mismo que a mí:

—Amigo Peñafiel, ¿usted cree que soy un traidor? No puedo dormir. Pienso que es mejor que lo dejemos.

—No se preocupe. Mañana hablaremos. A la luz del día todo se ve más claro. ¿Somos o no somos amigos?

—Perdone que le haya llamado a estas horas, pero es que estoy en sus manos.

—No se arrepentirá nunca. De todas formas, mañana lo discutimos. Buenas noches.

A la mañana siguiente, y con la luz del día —la noche anterior el fantasma de Franco debió rondar por su habitación— pareció verlo más claro, sobre todo los millones. Y a primeras horas de la tarde me telefoneó para cerrar el trato mediante un cheque al portador. Sin más. Ni el gerente de *La Revista* supo a quién iba destinado ese dinero, aunque sí en pago de qué.

Estando el material ya en imprenta (que era la del *ABC*, en la avenida de Barajas, donde ahora se imprime el diario que entonces se hacía en el histórico edificio de la calle Serrano), irrumpió una mañana en mi despacho una airada señora que se identificó como «la hija del colaborador de Franco», que me acusó, con insultos, de haber engañado a su padre y haberle convencido para que vendiera las fotos del Generalísimo. De dicha venta, ni ella ni su madre habían sabido nada hasta que...

—Mi padre llevaba varias noches sin dormir, noches que pasaba suspirando cuando no llorando —empezó a explicarme cuando conseguí tranquilizarla—. Mi madre le preguntaba qué le pasaba, pero no contestaba. Sólo llorar. «¡Es que tengo una opresión aquí, en el pecho, que no me deja respirar», nos decía. Pensamos que podía ser un infarto y quisimos llamar al médico, pero se negó. Y así, hasta ayer, que no pudo más y nos confesó lo ocurrido, llorando, mostrándonos el cheque que usted le había enviado: «He traicionado la memoria de Franco. He vendido sus fotografías.» Por poco nos morimos del disgusto. ¿Cómo ha podido usted convencerle para que hiciera tal cosa? Esto no puede quedar así. Aquí está el cheque y usted me devuelve las fotografías. ¡Ahora mismo! No me voy sin ellas.

Intenté tranquilizarla contándole toda la historia que, por supuesto, desconocía. El había contado lo que había querido y, sobre todo, como había querido. La señora fue serenándose ante la evidencia de los hechos y comenzó a verlo más claro, es más, a no verlo tan mal.

El cheque permanecía sobre mi mesa, donde lo había arrojado cuando llegó. A su vista. Y lo que al principio eran reproches e insultos, ahora eran preguntas aclaratorias: «¿Usted cree? ¿No habrá problemas? ¿Piensa usted que...? ¿Nos podemos quedar tranquilos? Usted ha prometido... ¿Y si ocurre algo?»

Para tranquilizarla de una puñetera vez, saqué del

cajón de mi mesa los originales que su padre me había vendido, y de los que yo ya había hecho numerosas copias ampliadas, y se los devolví al tiempo que le preguntaba:

—¿Son éstas las fotos de su padre?

—Sí, son éstas.

—Yo ya tengo otras copias supongamos que del marqués, que son las que voy a publicar. Usted llévese éstas, guárdelas y olvide el tema.

Se sintió aliviada, se levantó, me tendió la mano y, cuando se disponía a abandonar el despacho, se volvió, y preguntó tímidamente:

—¿Me puedo llevar el cheque?

Yo sabía que uno de los miembros del tristemente famoso «equipo médico habitual» era el doctor Hidalgo Huertas, el cirujano que había intervenido al General nada menos que tres veces seguidas (lunes 3, viernes 7 y viernes 14 de noviembre de 1975). Y todas a vida o muerte. Como era un viejo y querido amigo, me dirigí con una de aquellas colecciones de fotos que yo había hecho del original que el ilustre colaborador de Su Excelencia me había vendido. Quería conocer su opinión. Me recibió inmediatamente en su despacho del entonces hospital Francisco Franco, hoy Hospital Provincial, del que era director.

Cuando extendí ante él las cinco fotografías, hubiera bastado con una sola, no se cayó porque estaba sentado, pero su rostro quedó tan pálido como la bata que vestía.

—Pero, ¿quién fue el canalla que hizo estas fotos?

No quise decírselo, sólo pretendía que me las identificara, que intentara, si era posible, informarme del momento aproximado en el que fueron realizadas, porque alguien que las vio en la reunión extraordinaria que tuvimos con Antonio Asensio, presidente de Zeta, y por tanto de *La Revista,* y algunos consejeros y asesores jurídicos, opinaron que el General, cuando se hicieron las fotografías, estaba ya muerto. Acababa de morir. Si no, no se explicaba la actitud del personal sanitario que en ellas aparecía.

—¡Qué bobada! —me respondió el doctor Hidalgo Huertas—. Estas fotos fueron hechas entre el 14 de noviembre, cuando tras la tercera operación le puse un drenaje a nivel del duodeno para que no pasara la bilis y que puede verse en una de las imágenes, y cualquier día antes del 20 en que murió. ¡Pero quién pudo hacer estas fotos! Un médico pienso que no; por muy poca deontología y ética profesional que tuviera, no se puede hacer esto...

Con toda intención le hice la siguiente pregunta:

—¿Cuál fue la actitud del marqués de Villaverde como médico y como hijo político de Franco durante la enfermedad y agonía de su suegro?

Su respuesta, textualmente, fue ésta:

—Me alegro que me haga esta pregunta bajo ese doble punto de vista. Cristóbal se portó como un hijo con su padre. En todo momento demostró un cariño, un afecto, una necesidad, llamémosle así, de poner de su parte, humanamente, todo lo que fuera posible. Su comportamiento es digno de toda loa, y yo me complazco en subrayarlo. Como médico no se podía inhibir, por descontado. En todo momento se comportó con una corrección auténtica, aunque por su especialidad muy diversa a la que allí estábamos realizando, jamás interfirió, jamás se opuso a nada y en todo momento colaboró en lo que se le pidió.

—¿Se imagina quién pudo hacer esas fotos?

—Estábamos un grupo de personas, todas ellas del estamento médico, o estamento médico auxiliar, que teníamos acceso a la habitación del Caudillo, pero, por supuesto, muy controlado. También estaban los familiares más directos del enfermo, doña Carmen, su hija y los nietos. No concibo cómo pudieron hacerse esas fotos.

Con toda la cara del mundo, pensé yo, ya que hasta en algunas de ellas aparecen unas enfermeras y personal auxiliar médico, como si se les hubiese dicho: «Anda, guapa, ponte tú también ahí junto al viejo.»

Una de las enfermeras, que aparece tras el aparato de control de temperatura, confesó, al verlas publicadas:

—Quien hizo estas fotografías tenía que tener patente de corso. Yo estaba con toda mi atención puesta en el trabajo que realizaba y en ningún momento advertí que nadie me fotografiara. No vi ningún *flash*, ni a nadie con una máquina. Desde luego, si lo hubiera advertido, me hubiera retirado.

—¿Va usted a publicar estas fotografías? —me preguntó el doctor Hidalgo Huertas aquel día.

—Ya están en la imprenta —le contesté.

—Ni se debían haber hecho ni se debían publicar. Va a hacer mucho daño. Y el mayor, a usted. No se lo van a perdonar. Ni la familia del Generalísimo ni los lectores.

Lo sabía, pero aquel documento era algo más que un simple testimonio gráfico. Por sí solo explicaba muchas cosas que no aparecieron nunca reflejadas, al menos en los primeros días de la enfermedad del General, en los famosos partes firmados por el «equipo médico habitual». Ni en los partes ni en las noticias que se filtraban o se hacían públicas a través de la agencia EFE que las recibía del Ministerio de Información y Turismo.

Todo en el régimen de Franco estaba lleno de oscuridades y sombras. Lo que se publicaba sobre el General pasaba siempre por numerosos filtros y tamices, empezando por los de su propia Casa Civil y terminando por el Ministerio de Información y Turismo, donde existía un departamento, la Dirección General de Coordinación Informativa, que era de lo más siniestro.

Durante la enfermedad del General, la última, la que le llevaría a la tumba del Valle de los Caídos, que no era el de Josafat, los servicios informativos de este departamento ministerial canalizaban todos los comunicados de la Casa Civil sobre el estado de salud de Su Excelencia a través de la agencia oficial EFE, que tampoco era un ejemplo de periodismo a imitar. ¡Y así de informados estaban los españoles!

Gracias al doctor Vicente Pozuelo, médico de cabecera de Franco desde que el marqués echara de la Casa al doctor Vicente Gil (que lo había sido durante veinticinco años), después de un enfrentamiento a bofetadas en el hospital Francisco Franco, se supo que mientras la Casa Civil, el Ministerio de Información, la Dirección General de Coordinación Informativa y la agencia EFE comunicaban el día 14 de octubre que Su Excelencia padecía «una ligera afección gripal», aquella madrugada Franco había tenido un infarto, que debió hacerle sufrir mucho... ¡Para que él se quejara!

Su ayuda de cámara, Máximo, contó al doctor Pozuelo, cuando éste fue llamado urgentemente a El Pardo a las tres de la madrugada, que al oír a Su Excelencia dolerse, le preguntó:

—Excelencia, ¿por qué se queja?

—Porque quiero.

Que no son maneras de contestar a un ayuda de cámara por muy Jefe del Estado que se sea. De todos modos, el General no se quejaba aquella noche «porque quería», sino porque estaba sufriendo un infarto.

—Cuando llegué aquella madrugada, Su Excelencia me dijo que tenía angustia; le dolía el pecho, le dolía el hombro —recuerda el doctor Pozuelo, que, como es natural, ordenó se le hiciera inmediatamente un electrocardiograma.

No sé quiénes mandaban entonces en El Pardo, amén del General. Me imagino que la oligarquía de las Cármenes compuesta por la abuela, llamada también «la Generalísima»; la hija, que mandaba lo suyo; y la nieta, que sólo iba de eso. También el marqués, cuyas opiniones con respecto a la enfermedad del suegro debían pesar mucho, por ser el médico en la familia, que no de ella.

Ignoro quién o quiénes de estas personas de la tropa tomaron la decisión de que el electrocardiograma, que con toda la urgencia que el caso requería había ordenado el doctor Pozuelo, no se hiciera aquella mañana en la que se sospechó que al General le había dado un infarto, sino que se aplazara hasta las once de la noche «para evitar filtraciones y que se corriera la voz de que Franco había sufrido un infarto».

Después de un segundo electrocardiograma, que confirmó la gravedad de la enfermedad, el cardiólogo, doctor Mínguez, y el doctor Pozuelo decidieron redactar un parte médico en los siguientes términos: «En la madrugada del día 15 de octubre de 1975, Su Excelencia, el Jefe del Estado, sufrió un episodio de insuficiencia coronaria aguda y en el electrocardiograma se detecta una zona eléctricamente inactiva de tercio medio e inferior del tabique y de cara diafragmática con confirmación analítica.»

Una vez redactado este parte, el doctor Pozuelo recuerda que le preguntó a Franco, después de leérselo, qué hacía con él.

—Démelo a mí —respondió el General.

De este parte jamás se supo, porque nunca se publicó. Una mano oficialmente interesada, ¿por orden del dictador?, metió el bisturí en dicho parte médico para redactar otro sin conocimiento de los médicos, totalmente descafeinado, con verdades a medias o medias verdades, que es peor. Decía así: «En el curso de un proceso gripal Su Excelencia el Jefe del Estado ha sufrido una crisis de insuficiencia coronaria aguda que está evolucionando favorablemente, habiendo comenzado ya su rehabilitación y parte de sus actividades habituales.»

¿Qué se pretendía al ocultar la verdad sobre la salud del responsable máximo de un Estado de incierto futuro, justo porque el General nunca había querido irse, no de este mundo, que eso sólo depende de Dios, sino del Poder, que eso sí que depende de los hombres?

Aquella decisión irresponsable, la tomara la tropa familiar o quien la tomara, marcaría la tónica a seguir a lo largo de los treinta y dos días que transcurrieron hasta su muerte.

Así vemos que el comunicado de la Casa Civil de Su Excelencia, facilitado a la agencia EFE por la Dirección General de los Servicios Informativos del Ministerio de Información y Turismo del viernes 17 de octubre de 1975, informaba a los españoles del «breve Consejo de Ministros, por la gripe de Su Excelencia el Jefe del Estado, Francisco

Franco», cuando la realidad era muy otra; aquel día el General, a pesar de su grave estado y la oposición de los médicos, se empeñó en presidir el habitual Consejo de Ministros de los viernes, pero lo hace enganchado a la terminal de una pantalla de televisión con el fin de controlar telemétricamente el electrocardiograma desde un salón contiguo a aquel donde se desarrollaba el Consejo.

Al no poder hacerle desistir, el doctor Pozuelo propuso que el Consejo se celebrara en el dormitorio. Franco, con el mismo mal tono que empleaba para dirigirse a Máximo, su ayuda de cámara, le contestó secamente:

—Es necesario que yo me siente en mi puesto.

Y, ¡vaya que se sentó!, aunque fue advertido que si en el transcurso de dicho Consejo se producía el menor signo de fibrilación ventricular, los médicos que estaban en el salón contiguo entrarían sin avisar, le tenderían sobre la mesa y procederían a desfibrilarle. ¡Vaya espectáculo!

—Le dijimos que se podía morir —recuerda el doctor Pozuelo.

Pero como si decían misa. Y no se equivocaron, porque a punto estuvo. Durante los cuarenta minutos que duró la reunión ministerial, el médico de cabecera recuerda que el General «tuvo numerosas estrasístoles ventriculares y supraventriculares, incluso una vez el pulso subió a ciento veinte pulsaciones».

Parte oficial del sábado 18 de octubre: «Su Excelencia el Jefe del Estado continúa en reposo en cama para recuperarse de la gripe.»

Realidad: Franco se levanta y se encierra en su despacho a solas. Se cree que es entonces cuando, consciente de la gravedad de su enfermedad, redacta su testamento-despedida.

CAPÍTULO V

EL MARQUES GUERRILLERO O LA ULTIMA CACERIA DEL FRANQUISMO

¿Cuál era durante aquellos días, se preguntará el lector, el comportamiento de la tropa familiar sobre la que nada trascendía? Continuaban viviendo al mismo ritmo que lo habían hecho siempre y con el mismo e intrascendente tipo de vida.

Por casualidad, compartí con la hija y el yerno del General —Carmen y Cristóbal, marqueses de Villaverde— aquel 16 y 17 de octubre de 1975, cuando la cuenta atrás había ya comenzado, y el General había empezado a morir.

Hoy, a tantos años luz (entonces eran sólo sombras), no entiendo cómo Carmen, la amadísima hija única, la confidente, la colaboradora más directa del dictador, y su marido, el inefable y despótico marqués, pudieron estar, justo esos días, dedicados al deporte de la caza de faisanes y perdices mientras el padre, el suegro, el Caudillo de España, sufría a puritito grito su primer infarto y comenzaba a engancharsele a tubos y terminales televisivas mientras se arrastraba como un siniestro fantasma por los salones y despachos de El Pardo. No lo pude ni lo puedo entender.

¿Qué pretendían con aquel inhumano comportamiento? Posiblemente dar una imagen de normalidad en el país, para evitar que el pueblo, ante la sensación de que algo ya se movía, pudiera desmadrarse e iniciar la caza de brujas ante el convencimiento de que aquello, la dictadura que había durado cuarenta años, se desintegraba aceleradamente al enloquecido ritmo del corazón del dictador.

Aunque nada comentaban, ni ella ni su marido, sobre lo que estaba ocurriendo entre los muros de aquella inexpugnable fortaleza que era el palacio de El Pardo, sí pude advertir que algo estaba cambiando o a punto de cambiar. Sobre esa pista me puso el marqués con una actitud que aun hoy, al recordarla, me deprime profundamente, me indigna y no puedo por menos que calificar de miserable.

El día 13 de octubre me telefoneó Eduardo Barreiros para invitarme a una cacería que iba a organizar en sus cotos de Ciudad Real en honor del doctor Christian Barnard y su esposa Bárbara, la segunda, del famoso cirujano.

La presencia de Barnard en Madrid aquellos críticos días levantó sospechas y las especulaciones se dispararon en medios políticos y periodísticos, sobre todo cuando en la mañana del día 17 se hizo público que el General había sufrido un infarto. Nada más lejos de la realidad. Es más, el doctor Barnard se fue de Madrid el día 18 sin ver a Franco, sin que su íntimo amigo y compañero, el doctor Martínez Bordiu, hubiera requerido su presencia en El Pardo, a pesar de que aquella madrugada Su Excelencia había pasado por momentos muy, muy críticos.

Pero la imaginación es libre. Y si blanco es y la gallina lo pone... En este caso, por sorprendente y extraño que pueda parecer, no fue un huevo. Y el mago del corazón se fue por donde había venido después de asistir a la cacería a la que había sido invitado.

Eduardo Barreiros, con quien me unía cierta amistad a raíz de la primera boda de su hija Mari Luz (hoy casada con el superpoderoso presidente de Prisa, Jesús Polanco), a la que estuve invitado, conocía mi relación con el famoso cirujano sudafricano, que siempre me llamaba cuando pasaba por Madrid. Quería que asistiese a la cacería como periodista o como amigo. Confieso que a mí la cacería me interesaba más informativamente, por varios motivos. Primero porque no soy cazador y nunca he tenido un arma en la mano; segundo, porque la amistad con el autor del primer trasplante de corazón en la historia de la medicina era sólo por razones profesionales; y tercero, porque sabía que entre el reducidísimo grupo de cazadores se encontrarían los marqueses de Villaverde. Y algo, por poco que fuera, podía enterarme sobre la salud del General.

Los otros invitados eran los habituales en estos saraos cinegéticos franquistas: Alfonso Fierro, Arburúa, Celso Barreiros, el hermano de Eduardo —hoy supuestamente implicado por el juez Garzón en el tráfico de drogas— y algún cazador más que lamento no recordar.

Aunque en Madrid se sabía ya que el General no gozaba de buena salud —nadie se creía lo del proceso gripal de los primeros partes médicos—, la presencia de los marqueses de Villaverde podía atajar cualquier especulación.

He llegado a pensar si el motivo de la invitación por parte de Eduardo Barreiros, tan ligado entonces al clan familiar de El Pardo, sobre todo a Carmen y Cristóbal, para que asistiera a la cacería, se debió a una maniobra de distracción fríamente calculada y estudiada por parte de la propia tropa del General. Yo era un periodista de reconocido prestigio e influencia por mi seriedad y, nadie mejor que yo para dejar constancia en aquella especie de boletín oficial del franquismo que era la revista *¡Hola!*, de que en el país de las maravillas no pasaba nada y todo continuaba siendo normal.

En uno de los descansos de la batida de perdices —la segunda jornada, en otra finca, estaría dedicada a la caza del faisán—, que suele aprovecharse para el «taco», que no es otra cosa que una especie de aperitivo para reponer fuerzas a base de jamón, tortilla, salmón, caviar y otras *delicatessen,* servido en aquélla, como en otras ocasiones, por Cortés, el dueño de Jockey y el Club 31, me acerqué a la marquesa de Villaverde para preguntarle por su padre. Era realmente lo que, por no decir lo único, me interesaba de aquella cacería, la primera a la que asistía la bellísima esposa del doctor Barnard, a quien Eduardo Barreiros, el anfitrión, había regalado unos botos camperos y un elegante sombrero, con pluma y todo, para que pudiera estar a tono con las demás «dianas». Aunque ella era la única que no cazaba.

Carmen Franco me atendió con amabilidad, y con su voz chillona, tan característica, respondió de esta cínica manera a mi pregunta:

—Mi padre está bien, a pesar de la gripe que viene arrastrando, pero no quiere meterse en la cama, que es la única manera de curarla. El que yo esté aquí cazando con estos amigos demuestra que no hay motivo de preocupación alguna.

Ni me lo creía ni me lo dejaba de creer, porque mientras ella me informaba con palabras, quizá bien estudiadas para no meter el boto, su marido, el marqués, con el que en un momento de la mañana compartí puesto como mero acompañante —en algún sitio y con alguien tenía que refugiarme para evitar que me dieran un tiro—, no sólo llevaba consigo la escopeta, sino un extraño artilugio que sospeché era una radio muy especial, de esas que, como las de los taxistas o los policías, no dejan de dar la tabarra con extraños mensajes, unas veces en clave y otras también. Entonces no existían los teléfonos portátiles inalámbricos, que, como signo de identidad, lleva todo hortera por muy ejecutivo que sea.

Durante la hora larga que estuve junto a él, ni soltó prenda ni yo me enteré de nada de lo que emitía aquel cacharro antediluviano al que el doctor Martínez Bordiu, en el que advertí una tensa preocupación, parecía prestarle mucha atención.

Pienso que le preocupaba que yo captara alguno de aquellos mensajes. Cuando las voces sonaban, repitiendo machaconamente no sé qué mensajes, el marqués me miraba con visible incomodidad. Ello no le impedía darle al gatillo cada vez que sobre nuestras cabezas pasaban raudas las bandadas de perdices que, según los buenos cazadores, son las mejores piezas del mundo por su vuelo incontrolable.

Hoy vuelvo a preguntarme, como entonces, qué coño hacía allí el yerno médico del General mientras éste comenzaba a morir, en vez de estar con sus colegas que se desvivían, materialmente hablando, para reconducir aquel corazón que, a pesar de sus ciento veinte pulsaciones por minuto, amenazaba con ponerse a cero. Como el cuentakilómetros de un viejo automóvil al que le han dado todas las vueltas que se puedan dar al contador.

No hay duda de que Carmen y Cristóbal, los marqueses, el yerno y la hija del General, eran unos maestros de la simulación. La verdad que así fue siempre.

La jornada, la primera de ellas, la del día 16, estaba transcurriendo con normalidad. Los cientos de perdices cobradas se amontonaban en perfectas filas casi militares, una al lado de otra, para poderlas contar. En las cacerías esto se lleva con mucha seriedad. Tantas de la marquesa, tantas del señor Fierro, tantas del señor Arburúa, tantas del señor marqués... El pobre doctor Barnard, poco ducho con la escopeta, se tuvo que contentar con las que el «secretario», que es ese lugareño que acompaña al cazador en el puesto con el fin de cargarle las escopetas y controlar las piezas que se van cobrando, iba apropiándose de las que, abatidas por otros, aterrizaban frente a su puesto. Aquel día el doctor Barnard no cobró ni una, aunque al final de la jornada se dejara fotografiar con un voluminoso mazo de perdices rojas españolas colgando de su cinturón-canana, en el que no faltaban más allá de media docena de cartuchos del doce. Parecía un bodegón.

Después de la comida, celebrada bajo una gran carpa verde, mientras un grupo muy numeroso, por no decir la totalidad de los invitados, hablaban de lo único que se suele comentar en estas reuniones, de la marcha de la jornada cinegética, el marqués de Villaverde arrebató, no encuentro otra palabra, el fusil-ametrallador, vulgarmente llamado «naranjero», que uno de los guardias civiles de la escolta de protección llevaba colgado al hombro. Me sorprendió la pasividad del guardia civil —todavía con el lorquiano tricornio de charol negro calado hasta las cejas—, dejándose quitar el arma, algo que el reglamento sanciona como falta grave. Y más aún, diría que hasta me aterrorizó el ver al yernísimo del General disparando con rabia todo el cargador sobre un blanco de piedra caliza, al tiempo que decía para que todos pudiéramos oírle:

—¡Hay que estar preparado! Van a venir a por nosotros, pero lo que es a mí...

Y le pidió otro cargador al asustado miembro de la Benemérita, que no daba crédito a lo que veía, aunque de lo que decía el marqués, ni se enteraba. Todo el mundo guardaba silencio, desagradablemente sorprendidos ante aquella visceral reacción del marqués, que sabe Dios lo que estaba pasando por su mente. Lo que había dicho, dicho estaba, y además muy claro. Estoy seguro que todos, absolutamente todos, menos Barnard y el guardia civil, comprendimos su violento mensaje. ¿A quiénes se refería? Estaba muy claro. A los «rojos», que, como Dolores «La Pasionaria», ya se sentían, ya se presentían.

En aquel momento, con el terrible y revelador espectáculo del marqués empuñando una metralleta, supe que la dictadura estaba agonizando, que sólo era cuestión de días.

Deprimido y al mismo tiempo embargado por una extraña sensación que me llenaba de una inquietante euforia, regresé a Madrid sin quedarme a la segunda cacería, la de los faisanes, que se celebraba el día siguiente en otra finca.

Capítulo VI

Y LAS RATAS COMENZARON A ABANDONAR EL BARCO

Y amaneció el día 18. Un día como otro cualquiera, pero diferente. Aún no me había repuesto de haber visto al marqués preparándose «para lo que pueda venir». ¡Estos fascistas todo lo resuelven a tiros!, pensé cuando me disponía a escribir el reportaje de la dichosa cacería. No como yo lo había visto y lo sentía, sino al estilo tradicional, «al estilo *¡Hola!*». Ya se sabe, sólo lo de «la espuma de la vida», que no deja ver si la leche es buena o mala, si es de vaca o es de cabra, si hay mucha o poca leche bajo la espuma. Y eso a mí no me gustaba.

Reducir aquel reportaje a una mera crónica social, que es lo que, en principio, era, me parecía frívolo, ligero y vacío como la espuma. Yo había regresado de aquel evento convencido de que había asistido a la última cacería del franquismo, de las que hubo miles, y en las que el único que realmente iba a cazar era el General, y no sus comparsas. Pero eso era muy fuerte: ni lo podía escribir ni la dirección de *¡Hola!* ni la censura lo hubieran permitido.

¡Qué *scoop* periodístico tenía en las manos y no podía publicarlo! ¡Qué gran exclusiva poder contar que el marqués, el yerno del General que agonizaba, estaba dispuesto a echarse al monte, aunque fueran los de Toledo, como un guerrillero de Cristo Rey, que es lo que en realidad era!

En mi pensamiento no mandaba nadie, siempre que sólo fuera eso y no lo proyectara sobre el papel a golpe de tecla de máquina de escribir. Y como soñar es lo único que en aquellos días se podía, a soñar me dediqué, mientras esperaba el revelado de las fotos de la cacería.

Y en esas estaba aquella mañana en mi despacho, cuando el teléfono me devolvió a la realidad circundante que eran las paredes de la revista *¡Hola!* y el gran ventanal desde el que se divisaba la calle de Miguel Angel y la glorieta de Rubén Darío. Y hasta el edificio esquina a Almagro, en cuya novena planta Alfonso Fierro y Ana Cástor tenían su lujoso apartamento. Fierro no se divorciaba de su esposa, Trini Jiménez Lopera, en primer lugar, porque en España no había divorcio entonces, pero tampoco se separaba, que eso sí que podía, por mor del maldito dinero invertido en mil empresas familiares de difícil y costosísima partición. Así que se anteponían los intereses económicos y se dejaba la moral para otra ocasión, sobre todo si la amante y la esposa legal lo consentían.

Y ¡oh, casualidad!, era Alfonso Fierro quien me llamaba. El mismo Fierro con el que había compartido «taco» y almuerzo en la cacería en honor de Barnard ofrecida por Barreiros. Quería pedirme un pequeño favor.

—Te agradecería que me quitaras de la lista de invitados. No quiero que mi nombre aparezca en el reportaje. Y mucho menos la fotografía.

No me podía negar. Además, no tenía mayor importancia. Pensé: «Estos millonarios quieren estar en misa y repicando, comiendo tetas y sopas, poniendo una vela a Dios y otra al diablo, pero, eso sí, sin que nadie lo sepa.»

Me prometió que me invitaría a cenar con Ana en el lujoso nidito de amor que yo conocía. Y nos despedimos tan contentos, sin yo advertir por qué me había llamado pidiéndome, tan encarecidamente, ese favor que no tenía la menor importancia. Si uno quiere sale, y si no quiere, no sale.

La segunda llamada, de aquella mañana, se produjo una hora y media después. Era de Manuel Arburúa, un modesto funcionario que llegó a ser poderosísimo ministro de Comercio, y el más agasajado del Gobierno, porque repartía permisos de importación como quien reparte estampitas a cambio de sólo sabe Dios qué. Y él, como ministro, permitió el gran negocio del franquismo: la importación de la popular Vespa italiana, que tantos millones reportó a muchos, entre ellos al señor marqués, gastando las pocas divisas que teníamos.

Aunque Arburúa, el suegro de Marcelino Oreja —el ex ministro que tiene su corazón repartido entre dos amores, su madre y su sufridora esposa—, había dejado de ser ministro, acudía asiduamente a El Pardo y, sobre todo, a las cacerías, donde tanto negocio se hizo y se seguía haciendo.

Amistad, lo que se dice amistad con Manuel Arburúa, yo no tenía ninguna. Sólo un conocimiento que no nos daba, ni a él ni a mí, ningún motivo de confianza. Ello no impidió que me llamara aquella mañana para pedirme, ¡que ya es casualidad!, y sin la menor explicación, el mismo favor que me había pedido momentos antes Alfonso Fierro. Entonces se funcionaba así, por mucho que hoy día algunos periodistas que ya lo eran entonces se rasguen las vestiduras. Desde el *ABC* pasando por *Pueblo, Informaciones, Madrid,* y no digamos *Arriba,* toda la prensa española estaba al servicio de los prohombres del régimen. Y Arburúa, aunque no estuviera en el Gobierno, seguía influyendo.

—Si vas a publicar algo sobre la cacería de Eduardo, te agradecería que no me mencionaras. No es oportuno en estos momentos.

¡Otro que se descuelga!, pensé yo. De seguir así sólo va a quedar el doctor Barnard, que es el único que ni es cazador ni sabe cazar. ¡Menuda cacería! Y no me equivocaba al pensar así. Aquella tarde me telefoneó Eduardo Barreiros, de quien Franco, que le estimaba mucho, dijo un día: «De lo que todavía no estoy bien enterado es cómo consiguió el apoyo financiero para poder levantar un complejo industrial de tal magnitud» (29 de enero de 1966).

—¿No me llamarás para lo mismo? —le pregunté, dando por sentado que sabía de las llamadas de Fierro y Arburúa.

—Pues sí.

—Pero, ¿qué es lo que pasa?

—¿Es que no te has enterado?

—¿A qué te refieres?

—A lo del Caudillo...

—¿Es que está peor?

—Dicen que de ésta Su Excelencia no sale, que sólo es cuestión de días. Y la publicación del reportaje, a lo peor, coincide con... Imagínate cómo podemos quedar los que hemos estado en la cacería.

—Como lo que sois... Como amigos de Franco y su familia. ¿Es que tiene algo de malo? También estaban su hija y el marqués...

—No tiene nada de malo, pero en estas circunstancias es mejor no publicar el reportaje. A lo sumo, sólo las fotografías en las que aparece el doctor Barnard con los Villaverde. Es un favor que te pido como amigo. Por eso no he llamado a Sánchez Gómez (que era el director-propietario de *¡Hola!* y franquista hasta la médula). Ahora bien, si tú lo prefieres... Lo que no quiero es violentarme, que no me tenga que arrepentir...

—¿De haberme invitado? No te preocupes. Estate tranquilo, Eduardo.

El reportaje se publicó la semana siguiente, todavía con Franco vivo, aunque ya internado en la clínica La Paz, pero como puede verse en las hemerotecas, en dicho reportaje sólo aparecían el doctor Christian Barnard, su esposa Bárbara, y, por supuesto, los marqueses de Villaverde, Carmen y Cristóbal, que, como no me habían telefoneado...

Este incidente de la cacería me sumió en profundas reflexiones acerca de la conducta humana, pero sobre todo me hizo meditar en los motivos de aquel pánico que se apoderó tanto de Alfonso Fierro y Arburúa como de Eduardo Barreiros, y que no fue otro que un cobarde, mezquino y egoísta sentimiento.

También pudiera tener otras lecturas que no se mantienen de pie, aunque se apuntalen con la mayor consideración. Un deseo de no figurar en el reportaje pudo deberse a que estando como estaba el General en esos momentos, al borde de la muerte, no parecía correcto que ellos, precisamente ellos, que tanto habían recibido de él, estuvieran divirtiéndose en una cacería. Pero también se encontraban los hijos de Su Excelencia que, se mire por donde se mire, siempre serían sus hijos. Y donde esté un hijo que se quite un amigo.

Otra lectura bien pensante, piensa bien de ciertos personajes y te equivocarás, podría ser el temor a que la publicación del reportaje coincidiera con la noticia de la muerte del General. Y quedar bien, lo que se dice bien, no iban a quedar.

También cabía otra tercera, y es que Su Excelencia saliera de ésta y pudiera ver que mientras las estaba pasando más que canutas, sus amigos, a los que había ayudado a enriquecerse, se divertían tirando a la perdiz y al faisán.

Pero no sé por qué, cuando hube colgado el teléfono, después de la tercera llamada, no pude por menos que pensar que las ratas, que son animales muy listos, muy voraces y muy cobardes, son las primeras en abandonar el barco cuando éste se hunde. Incluso mucho antes, cuando olfatean que puede hundirse.

Eso, y sólo eso, es lo que motivó aquella deserción masiva de la última cacería del franquismo. Precisamente por eso, por ser la última.

Capítulo VII

LA ESCOPETA NACIONAL

Las cacerías pasarán a la historia como un signo lúdico del franquismo. A pesar del tiempo transcurrido, al régimen se le sigue y se le seguirá identificando con ojeos de perdices y monterías de gamos. No en balde Franco les dedicó parte de su tiempo, tanto, que, según su primo hermano el teniente general Francisco Franco Salgado-Araujo, jefe de su Casa Militar y secretario, «la parte más débil del General resultó ser su desmedida afición a la caza. Se le adulaba por esto y se le facilitaba satisfacer su afición».

¿De qué manera? Todo el que tenía un coto y deseo de medrar le cursaba una invitación a través de un ministro amigo suyo u otra personalidad del círculo más íntimo de Su Excelencia. Y eran tantas las invitaciones y tantas las fincas que, si no tenían coto, lo repoblaban adquiriendo ciervos y venados para que el General disparara, que no daba abasto. «Me parece bien que se dedique a cazar los fines de semana, incluso que haga semana inglesa, pero no este abuso de una semana entera y dos días de la otra», decía su primo.

No sólo era el Caudillo, sus hijos, sus nietos, sus amigos. Dando tiros estuvieron los franquistas hasta el mismo día que al General le dio aquel jamacuco en forma de insuficiencia coronaria aguda. Hasta el día que sobre Madrid y España entera se cernía un viento lleno de esperanza para muchos, y de inquietud y de ansiedad para otros ante la idea de la muerte del dictador según los rojos, para los nacionales el Caudillo. Para la Historia, era el fin de cuarenta años de dictadura.

No recuerdo quién dijo aquello de que lo verdadero, a veces, puede parecer inverosímil, pero estoy convencido de que la auténtica verdad siempre es inverosímil, sorprendentemente inverosímil y rara. Todos estos calificativos, y algunas descalificaciones más, le hubieran endosado a la famosa película de Berlanga, *La escopeta nacional*, si Azcona hubiera incluido en el guión las cacerías de Franco. Pero estoy seguro que ni cien Berlangas ni mil Azconas juntos lo hubieran podido nunca superar.

A lo largo de mi vida profesional tuve la oportunidad de vivir muchas «escopetas nacionales» junto a «la primera escopeta de España», como la prensa del régimen —que lo era toda— designada al viejo General cuando se transformaba en cazador.

Confieso que yo estaba bien visto en El Pardo. Quizá por ser la estrella de *¡Hola!*, que era lo único que doña Carmen leía, pero hubiese dado igual otro medio. Toda la prensa española de aquella época era como un gigantesco botafumeiro al estilo del de Santiago, que a diario incensaba a «la primera escopeta nacional», que si no le temblaba la mano, como nunca le tembló a pesar del Parkinson a la hora de firmar cinco penas de muerte en septiembre de 1975, mucho menos disparando sobre un inocente gamo. No me lo ha contado nadie. Yo lo vi con mis propios ojos, y no en una, sino en numerosas ocasiones.

Varias fueron las veces que compartí el puesto de caza con el General. A solas los tres: Franco, el secretario o escopetero, llamado Juanito, encargado de cargar los rifles y las escopetas, y un servidor, que iba de lo que era, de reportero-periodista. Y en todas las ocasiones en el mismo escenario, el coto de una finca de la provincia de Ciudad Real llamada El Cerrón del castillo de Prim, que un famoso abogado y «C. Jurídico» (¿comandante o coronel?, que yo nunca lo supe), Antonio Guerrero Burgos, casi pariente mío por parte de padre, había comprado exclusivamente para agasajar a Franco y conseguir todo lo que se podía siendo propietario de un coto de caza de 1.500 hectáreas: influencias y negocios.

Antonio Guerrero Burgos, que se hizo famoso por ser más franquista que Franco y más monárquico que Luis María Ansón, alcanzó todos los honores y distinciones que un hombre de aquella época podía alcanzar. Era Caballero Gran Maestre de la Soberana Orden de Malta, Gran Cruz de Justicia de la S. O. M. Constantiniana de San Jorge, Gran Cruz de la Soberana Orden Militar de Malta, Collar de la Orden de Lanuza, Collar Constantiniano y Caballero de la Orden de San Jenaro, académico de la Real de Jurisprudencia, académico del Instituto Regional de Criminología de Cuba... y todas las condecoraciones que cada 18 de julio se repartían a go-go.

A mi pariente, lejano, pero pariente al fin, sólo le faltaba una cosa: ser grande para figurar entre los grandes de España, aunque fuera por línea consorte. Para ello no dudó en abandonar a su primera esposa, Ana Pereira, para unirse, por sorpresa —dicen las malas lenguas que la primera sorprendida fue la señora de Guerrero Burgos—, con la decimonovena duquesa de Cardona, Casilda Fernández de Córdoba y Rey Salabart y de Pablo Blanco, que también era, como corresponde a todo ducado, grande de España, amén de condesa y vizcondesa.

Aunque Antonio Guerrero Burgos tenía ya un hijo de su primer matrimonio, Antoñito Guerrero Pereira (a quien conocí en aquellas cacerías de Franco con su escopeta a pesar de contar entonces doce o trece años de edad), la primogénita de tanto título es hoy una jovencita, fruto de esta ducal unión, que se llama Casilda Ghisia Guerrero-Burgos y Fernández de Córdoba. Cuando yo conocí a Antoñito, su padre aún no había transformado sus apellidos paterno y materno en uno solo, que se suele hacer unas veces añadiendo el «de» y otras el «y». En el caso que nos ocupa, bastó con un simple guión, guión que debe significar mucho, socialmente hablando.

Antonio Guerrero Burgos era también violentamente simpático o simpáticamente violento, que no es lo mismo, aunque lo parezca. Esta actitud le produjo más de un serio contratiempo, como aquella bofetada que le propinó en el puerto Banús de Marbella Emilio Romero ante la complacencia y felicitación del general Milans del Bosch, testigo.

Antonio Guerrero Burgos se hizo famoso por ser el fundador y primer presidente del conocido Club Siglo XXI, una plataforma de talante más o menos democrático y que hoy pervive bajo la presidencia del ex ministro Luis González Seara, sucesor de Paloma Segrelles, y donde entonces se pasaba de Franco. Ya había que tener valor, sobre todo en los postreros años de la dictadura.

El dinero que Antonio Guerrero Burgos ganaba con su bufete y sus negocios, más el que había aportado al matrimonio su primera esposa, que era rica, sabía gastarlo con generosidad organizando todos los años unas sonadas cacerías en El Cerrón.

Las cacerías franquistas —las de gamos, ciervos, muflones, jabalíes, conejos y perdices— eran algo más que un simple deporte cinegético. ¡Cuántos negocios se cerraban entre «taco» y «taco»! ¡Cuántas concesiones de permisos de importación y extrañas licencias se otorgaron en los puestos de los Montes de Toledo, los llanos de Santa Cruz de Mudela o Alcubillete y Sierra Morena! ¡Que estos personajes de entonces, no lo digo por nadie en concreto sino por todos en general, dejaban pequeños a Curro Jiménez y a los siete niños de Ecija!

La preparación de las monterías franquistas de Guerrero Burgos, ya que de caza mayor se trataba, eran todo un prodigio de organización. La selección de las escopetas que habían de participar en las monterías o simples cacerías era muy rigurosa. Aunque siempre fueran los mismos, se procuraba incluir alguna novedad añadida como podía ser El Cordobés, Luis Miguel Dominguín, una princesa extranjera como María Gabriela de Saboya, de la que se habló como uno de los amores del cadete Juan Carlos, o Niarchos, que en una ocasión quiso llevarse perdices vivas para repoblar su isla griega, y sólo le autorizaron a que se las llevara, si tanto le gustaban, muertas. Antonio Guerrero Burgos era tan maniobrero e influyente que a veces conseguía incluso la presencia del entonces príncipe Juan Carlos, cuya amistad sabía cultivar tanto como la de Franco.

El único que no solía participar como cazador en esas monterías de El Cerrón era el propio anfitrión. Bastante tenía el pobre con que la cacería fuera un éxito. Sobre todo para el General, quien en contra de toda norma entre cazadores, no tomaba parte en el obligado y tradicional sorteo de los puestos. Los había buenos, menos buenos y hasta malos. Al Caudillo se le designaba a dedo y por el que mandaba en la finca, al mejor estilo de la época, como en la política, y en función de la estratégica situación de dicho puesto, siempre en el lugar en que los guardas de El Cerrón pensaban iban a entrar más fácilmente y en mayor cantidad las piezas.

Recuerdo un año en el que acompañé a Guerrero Burgos en la localización del puesto para el General. Como había sido un año de «pertinaz sequía», no se le ocurrió otra cosa a mi pariente, la víspera de la batida, que improvisar una pequeña laguna frente por frente al puesto que había de ocupar Franco a base de acarrear agua en unas grandes cubas con la esperanza de que ciervos, gamos y jabalíes acudieran a saciar su sed y pudieran ser abatidos con facilidad por «la primera escopeta de España». Pero la madrugada anterior a la cacería llovió más que el día que enterraron a Zafra. Los animales tuvieron, no un lugar, sino cien para abrevar, por lo que a Franco, cuyo puesto compartí, no le entró ni una sola pieza a pesar de los esfuerzos de los ojeadores y la protección del Altísimo, al que el ingenuo de Antonio Guerrero solía implorar como correspondía a un caballero católico, apostólico y franquista, porque el General, que era muy suyo y muy especial, borraba de la lista a aquellos propietarios de cotos de caza en los que se había aburrido porque no le había entrado más que alguna que otra liebre despistada o alguna pareja de perdices, cuando lo que le habían prometido era una medalla de oro, que suele ser un ciervo con más cornamenta que el novio de la Dolores y más puntas que la catedral de Colonia.

Antonio Guerrero Burgos, que lo sabía, no sólo tomaba sus medidas estratégicas sobre el terreno, sino que se recogía en oración, como descubrí una mañana en la que preferí quedarme en la casa, una bella y acogedora casa de campo construida por el arquitecto Eduardo Yebes, con capilla y todo. El Generalísimo era muy religioso y le gustaba oír misa los domingos y fiestas de guardar, como estaba mandado por la Santa Madre Iglesia, la de entonces. La de hoy, con oírla los sábados o los lunes, se queda tan contenta. Hay que dar tantas facilidades como las otras iglesias, que hay mucha competencia, y en menos que se persigna un cura loco, se queda sin clientela.

Era muy agradable esperar el regreso de los monteros después de presenciar el bello espectáculo de verlos marchar hacia sus puestos respectivos, acompañados, cada uno o cada una, de toda la parafernalia propia de las monterías: secretarios o escopeteros cargados de rifles o escopetas, según fuera caza mayor o menor, trompeteros con rehalas de perros nerviosamente ladradores, cazadores y «dianas» con sus elegantes atuendos y los primeros «loden» austríacos que llegaban a España traídos por los que viajaban al extranjero, que eran todos ellos. Dichos abrigos, capas y capotes teñían la escena de un verde «guardia civil», que también los había y en cantidad. No hay que olvidar que allí se encontraba el Jefe del Estado, al que también vi partir después de la penosa tarea de ensillarle que relataré más adelante, que a punto estuvo, en esta ocasión, de caer de la montura por culpa de las travesuras de una mosca cojonera.

A las diez de la mañana de ese día, en la casa-cortijo de El Cerrón reinaba la más apacible tranquilidad mientras a lo lejos comenzaban a oírse los primeros disparos de las escopetas, los ladridos de los perros, los gritos de los ojeadores y los sonidos de las cuernas levantando la caza.

Mientras en el monte se mataban, indiscriminadamente, jabalíes, ciervos, venados y todo bicho viviente que se moviera, y se pusiera a tiro, decidí matar el tiempo, que es lo único que sé matar, recorriendo la casa y la capilla.

En este santo lugar había de presenciar ese día una sorprendente escena que, de haber figurado en la película *La escopeta nacional* de Berlanga, nadie se habría creído, aunque se hubiera aceptado como el fruto de la calenturienta y desbordante imaginación del guionista Azcona. Tan surrealista era. En la capillita todo era penumbra, silencio, recogimiento. Me senté en uno de los bancos para descansar, ya que no tenía nada mejor que hacer. De repente, esta tranquilidad que me envolvía agradablemente quedó rota con el violento sonido de pólvora no muy lejana, cuyo eco llegaba hasta allí por montes y quebradas.

Una figura que no había advertido por encontrarse arrodillada, al parecer en oración, se levantó como impulsada por el resorte de los disparos y a grandes zancadas, sin percatarse de mi presencia, abandonó la pequeña iglesia. Era mi pariente y anfitrión Antonio Guerrero Burgos, gritando a los guardas jurados de la finca:

—¿Dónde han sido los disparos?

—Han debido ser por donde el señor Arburúa o el señor Fierro —contestaban con más miedo que timidez, sin mucho convencimiento—. Desde luego, no ha sido por donde Su Excelencia.

Con gesto contrariado, don Antonio, como respetuosamente se dirigían a él los guardas de sombrero de ala ancha, terno de pana, carabina y banderola con placa de metal («Guarda Jurado. El Cerrón del castillo de Prim»), volvióse a la capilla, recogióse en oración. «¡Dios mío, haz que el Caudillo tenga suerte y pueda matar a placer!», debió ser más o menos el contenido de su plegaria.

Una nueva tanda de disparos le puso, por segunda vez, a la puerta de la capilla mientras gritaba a los jurados:

—¿Quién ha disparado?

—Ha debido ser don Manuel [se referían a Fraga], que

está por esa zona —sentenció uno de los guardas con la sabiduría de los hombres del campo.

Yo seguía sin entender qué tenían que ver el culo con las témporas, la cacería con Dios y mi pariente arrodillado mientras en sus montes se disparaba a todo lo que se movía.

Por tercera vez, Guerrero entró, se arrodilló y volvió a salir, escopetado, por el mismo ruidoso motivo. El sentencioso guarda jurado se anticipó a la pregunta que mi pariente iba a gritarle, diciendo con mucha sorna:

—¡Tranquilo, don Antonio, tranquilo! Esta vez ha sido el Generalísimo. Se lo digo yo.

Acababa de descubrir la surrealista situación que me tenía bloqueado. Ahora sí que lo entendía. Mi pariente intentaba, y a veces hasta lo conseguía, implicar al mismísimo Dios para su mayor gloria, la de él, *of course,* implorando del Altísimo toda la suerte para la primera escopeta de España.

—A mí Franco no me coloca en la lista negra de los cotos sin caza —decía.

Y no dejaba de tener razón. Para perder el tiempo en El Cerrón, Francisco Franco, que era muy suyo, prefería ganarlo en otro coto. Faltar, no le iban a faltar. Su Excelencia sabía que era propietario de un enorme cortijo que se llamaba España.

El deporte de la caza a punto estuvo de costarle a Franco un serio disgusto. Yo pienso que el único serio que tuvo en cuarenta años. Lo que sus enemigos no intentaron siquiera, lo hicieron el azar y la mala suerte, que resultó no ser tan mala, ya que pudo contarlo.

Fue en la Navidad de 1961 cuando, encontrándose de caza, el cañón de la escopeta reventó en la mano izquierda, hiriéndole muy seriamente el dedo pulgar, que le quedó para siempre muy afectado, inmóvil, una inmovilidad que ni el mal de Parkinson que durante los últimos años de su vida padeció, logró romper.

Fue su primo hermano y jefe de su Secretaría, el teniente general Francisco Franco Salgado-Araujo, quien en *Mis conversaciones privadas con Franco* relató aquel accidente que pudo haber cambiado el curso de la Historia:

«Hoy [15 de enero de 1962] hace veintiún días del accidente de caza del Caudillo y le he encontrado bastante decaído y desmejorado. Su rostro refleja el dolor y las malas noches que pasa a pesar de los calmantes. Me dice que le sigue doliendo mucho y que espera tener algún alivio cuando le quiten la escayola. Comento el nerviosismo que se había apoderado de mucha gente con el accidente. Le digo que había familias que estaban preparadas para salir, inmediatamente, de España e incluso algún ministro. Con la mayor candidez me pregunta: "¿Con qué dinero iban a vivir en el extranjero?"»

De todas formas, el General nunca pensó que podía haberse muerto por la herida de la mano.

Siempre me acordaré del 20 de febrero de 1968. Era la primera cacería en la que participaba Franco a la que yo era invitado por mi pariente Antonio Guerrero Burgos, «el montero mayor de la dictadura», como solían denominarle, aunque no le hacía mucha gracia. Como siempre, el escenario de El Cerrón del castillo de Prim. Me he olvidado decir que había pertenecido al marqués de los Castillejos que, como el lector muy bien sabe, fue el famoso general Prim. En esta finca dieron sus primeros pasos como cazadores Sagasta, Serrano, Cánovas y Castelar, todos ellos políticos conservadores. Hay que reconocer que este lugar estaba predestinado para ser vivido por políticos en círculo de buena amistad cuando el frío estalla entre ladridos de perros, lo mismo en impacientes esperas que en sosegados descansos en las largas cenas tras una buena jornada de caza.

Y ¡vive Dios! que aquel día de febrero el frío se dejó sentir como sólo es posible en los Montes de Toledo por esas fechas. La temperatura se mantuvo durante toda la jornada a cero grados; por ello no sorprendió que Franco acudiera a El Cerrón con un pasamontañas de astracán, «más chaquetas que un tonto» para intentar defenderse del frío y unos camperos zahones de cuero con los que defendía el bajo vientre y las piernas del helado viento que se colaba hasta los huesos.

CAPÍTULO VIII

EL DIA QUE FRAGA PUDO HABER MATADO A FRANCO

Confieso que me las prometía pero que muy felices. Iba a tener la oportunidad de compartir, a solas y en pleno monte, varias horas de la vida del hombre más poderoso y temido de España, ante cuya fría y penetrante mirada temblaba hasta el mismísimo Fraga, quien, por cierto, era uno de los invitados a aquella cacería aun después de haber probado la poca fortuna de su puntería en el hermoso trasero de la hija del dictador. El suceso pudo haber sido trágico, pero sólo quedó en un *gag* propio de una película cómica del genial Charlot. Afortunadamente, ocurrió en un ojeo de perdices para el que los cazadores sólo utilizan cartuchos de perdigones del doce o del dieciséis. De haber sido una montería, donde se dispara con bala o con posta, el resultado hubiera podido ser mortal.

Era una de las primeras cacerías del Caudillo a las que asistía Manuel Fraga, por entonces ministro de Información y Turismo. Como todo cazador primerizo, a Fraga no le faltaba un detalle en su atuendo cinegético. Quienes recuerdan aquel día dicen que parecía «el maniquí reclamo de un establecimiento de artículos de caza y pesca». Por no faltarle, no le faltaba ni la pluma en el tirolés.

Es el propio afectado, que mucho debió de estarlo

aquel día, quien relata cómo ocurrió, y aunque sin tener por qué dudarlo, pienso que lo hace a su manera en *Memoria breve de una vida pública.*

«Era un fin de semana. Concretamente el 1 de febrero de 1961, sábado. Yo había sido invitado a una cacería de perdices en Santa Cruz de Mudela. Aquel día tuve la desgracia de darle un plomazo "en salva sea la parte" a la marquesa de Villaverde. Yo tiraba entonces sin pantallas, y una perdiz baja que pasó entre los dos dio lugar al monumental error. Carmen Franco estaba, además, entre su padre y yo. Siguieron unos minutos indescriptibles. Debo decir que la actitud de ambos ante mi lamentable gafe fue ejemplar, de generosidad y buen estilo. Me compré un juego de pantallas y no he vuelto a plomear a nadie.»

Esta es, como hemos recogido, la versión que del accidente da el propio Fraga. Pero según «testigos presenciales» —como incorrectamente se dice hoy, ya que si son testigos es porque estaban presentes—, la reacción de Franco no fue de «tan buen estilo y generosidad», sino sentenciosa y fría como todo lo suyo. Exactamente dijo: «¡Quien no sepa cazar, que no venga!» Cierto es que también pudo haberle destituido.

Lo que no se sabía y nos descubre el propio Manuel Fraga con el relato del hecho es que ese día el accidente por él protagonizado como autor del disparo podía haber cambiado el curso de la Historia con un involuntario «magnicidio», ya que lo mismo que le dio el tiro a la hija, se lo podía haber dado al padre, que también lo tenía «a tiro», como reconoce don Manuel: «Carmen Franco estaba, además, entre su padre y yo.»

¿Se lo imaginan? Gritos de la marquesa con el culo como un colador, sangre, voces pidiendo la presencia de Vicente Gil, el médico personal del General, quien, a raíz del ¿atentado?, ¿accidente? que sufrió a bordo del Rolls-Royce, cuando el 25 de enero dc 1960 regresaba de una cacería en la provincia de Jaén (siempre en el punto de mira de una cacería), no se apartaba de su lado, acompañándole en todos sus desplazamientos.

Así lo contaba el Caudillo a su primo Francisco Franco Salgado-Araujo:

—Sólo tuve un desvanecimiento y un fuerte dolor de cabeza debido a las emanaciones de gasolina que se metieron por la parte posterior del coche por defecto del tubo de escape, que no expulsaba bien los gases. Carmina también estaba enferma y se acostó nada más llegar al Pardo. Ya está el coche arreglado y se han tomado las medidas para que no vuelva a ocurrir el incidente.

Consultada la central de la casa Rolls-Royce en Londres, informaron que, a menos que sea manipulado intencionadamente y con fines criminales, es del todo imposible que las emanaciones de gasolina se «metan» por la parte posterior del coche (que es el lugar donde iban sentados el General, siempre en el lado derecho, por supuesto, y la Generalísima) por muy defectuoso que pudiera estar el tubo de escape. Además, tratándose del Rolls-Royce del dictador, si se averiaba, cosa alto improbable aunque no imposible, se reparaba en los propios talleres del Parque Automovilístico de El Pardo o en los de Carlos de Salamanca, el concesionario oficial de la Rolls-Royce en la calle Cea Bermúdez de Madrid y siempre en presencia del Servicio de Seguridad del Caudillo, compuesto, como muchos lectores recordarán, por temibles e inquietantes individuos de uniforme militar, correajes blancos y grandes boinas rojas de gigantesco borlón amarillo, y que a bordo de espectaculares Cadillac descapotables tapizados de cuero rojo, precedían, metralleta en mano, al General allá donde éste se desplazaba.

Hoy no puede decirse lo mismo de los Mercedes 500 de color azul del rey Juan Carlos, que pueden verse con frecuencia en los talleres que la firma tiene en la calle Pedro Muguruza. Sin protección de seguridad y sin que se vea, nunca, miembro alguno de la Seguridad de la Casa Real. Lo que no deja de ser, cuando menos, preocupante.

El General no debió tampoco quedarse muy convencido con las explicaciones técnicas de la avería cuando le confesó a su primo que «ya se han tomado las medidas para que no vuelva a ocurrir el incidente». Resulta curioso advertir que no lo calificaba de accidente. Hubiera sido también interesante conocer qué consideraba el Caudillo «medidas». Aunque es fácil de imaginar.

Después del desgraciado accidente del tiro en el trasero de lo que más quería el General, don Manuel no sólo acudía a las cacerías con su juego de pantallas, sino que se propuso aprender, y aprendió, lo que le convirtió, a pesar de la desgraciada perdigonada, en uno de los habituales a las cacerías del Caudillo. Con esta actitud sí que demostró el General su generosidad con el ministro, al que mucho apreciaba, aunque en el año 1969 manifestara estar muy dolido por las palabras que el entonces ya ex ministro había pronunciado en la reunión del pleno del Consejo Nacional.

—Estoy dolido porque sus palabras reflejan una pasión impropia de quien desempeñó, durante muchos años, un cargo de absoluta confianza y en el que cesó por razones políticas, pero no por mala actuación. Es una pena que el que está en estas condiciones no sepa conformarse con las decisiones superiores. Para recompensar y demostrar mi aprecio a los ex ministros les concedo la Gran Cruz de Carlos III y además una pensión extraordinaria vitalicia sin tener en cuenta el tiempo que hayan desempeñado el cargo. Sólo por el mero hecho de haber sido ministros, aunque fuese un solo día.

Mezquino sí que era a veces el General. Con estas prebendas pretendía comprar el silencio y la fidelidad de sus ministros, aunque los hubiera echado a patadas.

Repasando hoy las notas de la cacería de aquel 20 de febrero en la que por vez primera compartí el puesto de caza, amén del desayuno y la cena, la sobremesa y la película, con el General, observo, por la lista de invitados a aquella reunión cinegética, que también era social, el poder de convocatoria de mi pariente Guerrero Burgos, que de una sola tacada reunía en su casa y en torno al dictador a churras y merinas. Por un lado, a lo más representativo del régimen, como eran entonces el propio Fraga, José Solís,

Romeo Gorría, Arburúa, Reims, Cirilo Cánovas, Muñoz Grandes, Arias Navarro, García Valiño y González Gallarza. Por otro, el poder económico del franquismo en las manos de Alfonso Fierro, Eduardo Barreiros, Blasco y Sanchiz. También se encontraban aquel día en El Cerrón los «incombustibles» Pío Cabanillas y Juan Antonio Samaranch, este último el más trepa del círculo palatino de El Pardo. Siempre tan solícito, siempre tan servil y tan falso. Allí estaban todos demostrando el poder del terrateniente propietario de aquel coto y su enorme influencia en las alturas de la política, de la administración y las finanzas.

No sé si el poder de convocatoria era de Guerrero Burgos o de Franco, pero allí se dieron cita aquel frío día de invierno del 68, para rendir pleitesía al General, una serie de personajes a los que, a lo mejor, no les agradará verse mencionados en esta lista. Pero yo ni quito ni pongo, sólo ayudo a la verdad de la pequeña historia de Franco y del franquismo. Porque allí también estaban los nobles de los que Franco no tenía, precisamente, un buen concepto, al pensar que hacían alarde de monarquismo y atacaban al régimen, que era él, «sin duda, porque creen que si viene la monarquía, va a ser para ellos, con sus fiestas palatinas y privilegios, que es lo que añoran». Asistieron en esta ocasión la infanta Alicia de Borbón, sus hijos los duques de Calabria, la princesa María Gabriela de Saboya, María Gloria y María Cristina de Orleáns Braganza, los duques de Peñaranda, los marqueses de Aldama, Santa Cruz, Griñón con su primera esposa, Jeannine Girod —hoy compañera de Ramón Mendoza—, Cubas (Marta aún no había nacido), Corbera, Valdueza, Comillas y Soto de Aller, así como los condes de Yebes, Veranteville, Marzotto y Mayalde (el que fuera alcalde de Madrid y viejo falangista torturador de Miguel de Molina, al que echó de España por «maricón»). Y también Niarchos, el multimillonario griego, rival de Onassis.

Como anfitriona de la montería en El Cerrón oficiaba aquel día Ana Pereira, la primera esposa de Guerrero Burgos, que, según su hijo Antonio, odiaba las cacerías. Y motivos debía tener, aunque ella entonces no lo sabía. ¿O sí lo sabía? Porque entre las damas invitadas a su casa estaba aquel día Casilda Fernández de Córdoba y Rey Salabert y de Pablo Blanco, duquesa de Cardona y Grande de España, que había de quitarle el marido pocos años después.

Y es que Antonio Guerrero y Casilda Cardona fueron los precursores de Boyer y la Preysler; de Alberto Cortina y Marta Chávarri; de Mariano Rubio y Carmen Posadas; de Manuel de la Concha e Isabel Salama, y de tantos otros personajes de la *jet*, que pegan la media vuelta con un simple: «¡Ahí te quedas!»

Pero aquella inolvidable jornada había de depararme varias y sabrosas experiencias. La primera de ellas antes de iniciarse la montería, cuando los cazadores o «escopetas», como se les designa en el argot cinegético, y sus secretarios se dispersaban por El Cerrón en busca del puesto que por sorteo, ceremonia que era todo un espectáculo y en la que había sus más y sus menos, les había correspondido.

Mientras tanto, el General y este servidor, acompañados por el anfitrión, nos dirigíamos hacia La Mancha, zona en la que se iniciaban los montes donde tendría lugar la primera batida de la jornada. Allí esperaba «Zegrí», un viejo caballo blanco, de diecisiete años y más manso que una mula, que llevaría al General hasta el puesto, que por ser el mejor le había sido asignado a dedo, no por sorteo.

Para llegar al lugar, lejano y escarpado, en el que los guardas jurados de la finca habían levantado el puesto, el General había de pasar por el duro trance de ensillarse en el jamelgo, tarea más que difícil y complicada dada su edad y constitución. No hay que olvidar que el Caudillo de España, de la España de entonces, era piernicorto, barrigudo, de gordo trasero y baja estatura.

En la operación de encaramar al dictador en el caballo colaboraron aquel día, y lo hacían siempre, cuatro personas: el guarda que sujetaba al animal, algo nervioso por las dichosas moscas cojoneras, un mozo de cuadra y un guardia civil que le aupaban por la izquierda empujándole del culo, pues, según dijo alguien, tanto si se trata de una cabalgadura como del más elevado trono del mundo, no estamos sino sentados sobre nuestro propio culo. Al otro lado del caballo se situó el cuarto individuo, aunque a veces eran dos y hasta tres guardias civiles, guardas o miembros de la escolta. Su misión allí era impedir que por un exceso de impulso de los que lo aupaban arrojaran al General por el lado contrario.

En aquella ocasión la operación hubo de repetirse dos veces por culpa de una mosca cojonera que tenía a «Zegrí» harto nervioso y que con sus continuos movimientos impedía al General voltear su piernecita.

José Campúa, el fotógrafo personal del Caudillo, que tenía la exclusiva fotográfica de El Pardo y que me acompañaba ese día, advirtió que era mejor no mirar para no violentar a Su Excelencia que, consciente de sus limitaciones físicas, lo pasaba mal sabiéndose observado en situaciones poco marciales y dignas.

Recuerdo una ocasión, con motivo de la visita oficial de aquel presidente de paja argentino, el dentista Héctor Cámpora (que posibilitó el acceso de Perón a la presidencia cuando ya era un cadáver político). Entonces la recepción a un Jefe de Estado extranjero era muy aparatosa. Empezaba en el aeropuerto y seguía en la plaza de Cibeles, donde el Ayuntamiento le daba la bienvenida.

Aquel día yo me encontraba cubriendo la información en la tribuna de prensa situada frente a las verjas del Ministerio del Ejército, hoy de Defensa, junto a la que se detuvo el Rolls-Royce en el que iban Franco y Cámpora. El presidente argentino descendió para saludar al alcalde; el General, con su uniforme de media gala, su fajín rojo de grandes borlones de oro y su gorra de plato, intentó incorporarse del asiento, pero no pudo. Su avanzada edad, la pesadez de su cuerpo y el mal de Parkinson, que ya comenzaba a hacer sus estragos, le impedían moverse. Para ayudarse, recurrió al tirador que pendía del respaldo del asiento delantero, pero ni aun así lograba incorporarse del mullido cuero del Rolls. Todavía recuerdo la expresión de la mirada que nos dirigió Franco, una mirada llena de violencia y desprecio, antes de que su perro fiel, su guardián y lacayo Fernando Fuertes de Villavicencio (al que había conocido en Marruecos y se había traído cuando organizó en Burgos la Casa Civil, nombrándole segundo jefe e intendente), acudiera en ayuda de su General.

Por ello, Campúa, que era otro viejo perro fiel de Su Excelencia, me recomendó que no mirara al General cuando intentaban sentarle en la silla de la cabalgadura. Y no me hubiera permitido ni él, ni nadie (yo tampoco lo hubiera intentado), tomar una fotografía en tan comprometido y ridículo trance. Hubiera sido como querer suicidarme. Y no sólo profesionalmente. Aquéllos no se andaban con chiquitas y te borraban del mapa en menos que se hace una foto. Es lo que le ocurrió a un fotógrafo de la agencia EFE, al que se le había autorizado, por ser de la agencia oficial y única del monopolio informativo, a asistir a una de estas cacerías. No recuerdo su nombre. Y no sólo se atrevió a fotografiar a Franco en tan crítico y periodístico momento —el de las manos de guardias civiles y ayudantes en el culo del General—, sino a vender la fotografía al extranjero. Del fotógrafo en cuestión, como tal redactor gráfico, jamás se supo hasta después de la muerte del dictador. Le retiraron el carnet de periodista y le impidieron trabajar. Quince años de inhabilitación le costó la broma fotográfica al reportero, que además era también irresponsablemente ingenuo, al olvidar que para sobrevivir en el franquismo había que ser lo más parecido a los monitos del proverbio chino: procurar no ver, procurar no oír y, sobre todo, procurar no hablar.

Otro fotógrafo de prensa, Daniel Ortiz, igualmente de la agencia EFE, siguió la misma suerte. Este, que como su compañero debía tener un gran sentido periodístico, también vendió a una publicación extranjera una magnífica fotografía del abrazo entre el general Franco y el general Trujillo a su llegada a Madrid. Por un efecto óptico, más que abrazo, la fotografía parecía una bofetada entre dictadores.

Pero volvamos a la finca El Cerrón, en la que hemos

dejado al Caudillo protagonizando la penosa operación de acceder a los lomos de «Zegrí». Una vez conseguido, el cortejo se puso en marcha. Como si de un safari y no de una montería se tratase, allá que íbamos tras el jinete, anfitrión, ayudantes, Juanito (el secretario o escopetero), guardias civiles y un servidor. En fila india. Por trochas y vericuetos, obstaculizados por peñascos y matorrales, entre los que íbamos dejando jirones de nuestras ropas y nuestras carnes sin que el General se dignara dirigirnos ni una mirada.

Como cristos al borde del infarto, coronamos el monte y llegamos, por fin, hasta lo que parecía nuestro calvario: un picacho coronado por tres centenarias encinas rodeadas de gigantescas piedras que conformaban lo que iba a ser el puesto de caza de Franco.

Mientras el séquito volvía sobre sus pasos, allí me quedé yo. A solas con el General. Y Juanito el secretario. Compartiendo los cuatro metros cuadrados de aquel corralito de piedra levantado por los guardas jurados de El Cerrón del castillo de Prim hasta el que llegaban las voces lejanas de los ojeadores que azuzaban a las jaurías enloquecidas de los perros, cuyos ladridos unas veces parecían tan próximos y otras tan lejanos.

Franco, que había permanecido contemplando el impresionante panorama que se extendía ante nosotros, encinas, chaparros, algún pino que otro y mucho tomillo y jara, pareció percatarse de no estar solo. Y girando su cabeza clavó en mí aquellos ojos fríos y penetrantes acostumbrados a distinguir lo que estaba lejos, pero a ignorar lo que tenía cerca de él.

Capítulo IX

«¿CREE USTED QUE MI FOTOGRAFO ES MASON?»

En mi vida profesional me he encontrado, a solas, con varios personajes como el General. Todos —¡oh, casualidad!— tiranos y dictadores como el Negus, el Shah o Bokassa. También es coincidencia que fueran, los tres, emperadores. Pero ninguno se parecía más a Franco que Haile Selassie, el que fuera emperador de Etiopía y del que el Caudillo decía que era muy amable, patriota y excelente persona: «No se puede olvidar su valentía en defender el trono cuando se lo quisieron arrebatar.» Su parecido no sólo era por la mirada, negra, penetrante y fría, sino por la «elocuencia». Tanto uno como otro acostumbraban a permanecer en silencio frente a su interlocutor, que no se atrevía a abrir la boca esperando un gesto o una palabra.

Nunca olvidaré el espectáculo de ver al marqués de Mondéjar sentado en una pequeña silla frente al trono del Negus, sin intercambiar una sola palabra durante más de treinta minutos en el transcurso de una recepción en el palacio imperial de Addis Abeba, con motivo del viaje oficial de don Juan Carlos y doña Sofía a Etiopía cuando todavía eran príncipes.

Algo parecido me ocurrió en la montería de El Cerrón al quedarme a solas con el General en el puesto de caza. A cero grados, tanto climatológica como humanamente hablando. Confieso que fueron ocho horas apasionantes, tensas y reveladoras frente a un Franco insólito, sorprendido en la intimidad de su soledad y que me ofrecía una dimensión nueva e ignorada del dictador que tenía a treinta millones de españoles en el puño.

Su primera mirada cuando advirtió mi presencia —en cuatro metros cuadrados de corralito difícilmente no podía verme, otra cosa es que quisiera— fue viva y penetrante. Se trataba de unos ojos que cuando se fijaban en ti no te permitían ni cambiar de lugar mientras te miraban. Eran los ojos de un hombre que dejaba helado por su frialdad y poca cordialidad. De todas formas, «ya que así miraba», agradecí que «mirara al menos», como decía el poeta. Más que fijarse en mí, en lo que se fijó fue en la cámara que pendía de mi cuello, una Nikon que había comprado en un reciente viaje a Japón acompañando a los príncipes don Juan Carlos y doña Sofía, y de las que en España había muy pocas. De todo el mundo era conocida la afición de Su Excelencia por la fotografía. Decían que incluso era buen fotógrafo.

—Esa cámara que usted tiene parece ser mejor que la Rolleiflex —me soltó, después de observarla durante largo rato. O a mí me lo pareció.

Yo ignoraba, porque no le conocía suficientemente en el trato, si el General era de esas personas que hablan un momento antes de pensar lo que van a decir. Así que, sin mucha convicción de si aquello iba a ser un diálogo o un monólogo, le respondí como para tantearlo:

—Son más rápidas, Excelencia.

—Yo tengo dos Rolleiflex —me aclaró.

Como no era cosa de decirle que sus cámaras se habían quedado antiguas y que, a pesar de ser muy buenas, pronto caerían en desuso, amén de recordar lo que el almirante Nieto Antúnez le había dicho a Fraga, «Franco escucha, pero no oye», me atreví a puntualizar:

—No es mala cámara Excelencia, pero la óptica japonesa es mejor que la alemana.

A lo peor, no le gustó mi opinión sobre Alemania, a la que siempre había admirado. O no le interesó continuar la charla. Sea cuales fueran los motivos, lo único cierto es que me volvió la espalda y prefirió avizorar el paisaje que tenía delante.

De repente, intuyó que algo se movía entre los matorrales en un monte bajo que se alzaba a la izquierda. Se echó la escopeta a la cara. Apuntó. Disparó. Y un ciervo de muy hermosa cornamenta rodó por la ladera. Miré al General. Su rostro, que no había exteriorizado la más mínima emoción, seguía imperturbablemente inexpresivo.

—Buen tiro, Excelencia —exclamé en un tono que, aunque pudiera parecer adulador, no dejaba de ser sincero, ya que era de justicia reconocer que donde el General había puesto el ojo, había puesto la bala. Y además, sin mira telescópica. No esperaba las «gracias». Y ni «gracias» me dio. Pero me atreví a preguntarle con natural curiosidad:

—Excelencia, ¿cuál es el secreto para no errar el tiro?

—Acertar —me respondió con lógica aplastante, de una manera seca, sin tan siquiera mirarme.

Una vez más intenté el diálogo.

—Excelencia, ¿cuándo comenzó a aficionarse a la caza?

—Después de la victoria del 39 —respondió fijando en esta ocasión su mirada fría en la mía.

—Excelencia, ¿qué le gusta más, la montería o el ojeo de perdices?

—Son diferentes —me respondió sin aclararme la diferencia, sin manifestarme su preferencia y en un tono que no invitaba a la repregunta.

El General, que era cuerpo «glorioso», ni comió ni evacuó durante las ocho horas que permanecimos allá arriba, en el monte. En todo ese tiempo no sintió la menor necesidad fisiológica. Y si la sintió, como la siente todo hijo de vecino en ocho horas, como la sentí yo y Juanito el secretario, que bien que lo hicimos de espaldas a Su Excelencia allí mismo en el corralito, ¡que cualquiera se atrevía a salir ante tanta escopeta disparando a todo lo que se movía!, él se la aguantó.

Alguien me había informado de que a Franco «le gustaba aparentar que el paso de los años no le producía el menor desgaste y que tenía una fuerza de voluntad tal que aunque estuviera fatigado no lo confesaría jamás». Ni un bocado tomó de la bolsa que con el «taco» (tortilla de patatas, buen jamón, embutido diverso, una botellita de vino y otra de cerveza) nos habían entregado antes de salir.

—¿Le apetece tomar algo, Excelencia? —le preguntó tímidamente el secretario.

—¡No! —respondió sin volver tan siquiera la cara. ¡Qué falta de cordialidad!

¿Qué hacía el General cuando no disparaba?, se preguntará con cierta lógica el lector. Cuando no le daba al gatillo, se limitaba a escrutar el paisaje. De pie durante las ocho horas con el rifle apoyado en el muro de piedra que a veces acariciaba, parecía pensar. Y pensando debía de estar cuando se volvió hacia mí, que me encontraba a su derecha tomando un bocadillo de jamón. Me miró largo tiempo. Y, de repente, me disparó, así a bocajarro, una pregunta que, hecha con una escopeta en la mano y por el General, era de infarto.

—¿Conoce usted mucho a Campúa?

—Sí, Excelencia. Es el fotógrafo de *¡Hola!*, sobre todo para los reportajes de Su Excelencia. Las audiencias en El Pardo...

Sin dejar de mirarme, con una mirada interrogadora, gélida e inquietante y cierto aire de severidad, me preguntó:

—¿Usted cree que es masón?

Confieso que tuve miedo. No sé de qué. El bocadillo se me atragantó y sentí que la adrenalina la hubieran podido olfatear hasta los perros que ladraban por los alrededores.

—¡Excelencia, un gamo por la izquierda! —gritó Juanito el secretario.

Y Franco, que después de hacerme la inquietante pregunta se había quedado abstraído en sus pensamientos, no esperó mi respuesta. Se echó el rifle a la cara, apuntó, disparó y cobró una segunda pieza que, conmigo, eran ya tres. Porque yo me sentí casi morir. Hay que trasladarse mentalmente a aquella época y haberla vivido y sufrido en la propia piel para entender lo que una pregunta como aquélla, referida a una persona que, aunque sólo fuera por su actividad profesional, se relacionaba conmigo y con la empresa en la que yo trabajaba, podía afectar desde el punto de vista emocional.

De todo el mundo era conocida la aversión que el General sentía por los masones, a los que culpaba de todos los males y odiaba visceralmente desde la juventud. Dicen que desde que no le permitieron afiliarse. Porque quiso serlo, como era moda en los militares de aquella época.

El general Cabanellas, aquel de la barba blanca, era masón y no lo negaba. Al hablar del asunto con su primo Francisco Franco Salgado-Araujo le recordó que éste le había dicho: «A veces en la vida se toman determinaciones de las que luego uno se arrepiente.»

En esta ocasión, y con esta persona en concreto, no fue todo lo duro que era con todos los supuestos masones que había en su vida, que los veía por todas partes. Y no descalificó por completo a Cabanellas; primero, porque fue uno de los generales que le proclamaron Jefe del Estado en Burgos el día 1 de octubre de 1936; y segundo, «porque se arrepintió», según Franco.

El mayor descalificativo que el Caudillo podía dar a un enemigo político no era el de comunista ni el de judío, sino el de masón, que a veces reunía en un extraño maridaje dialéctico cuando hablaba del «peligro judeo-masónico». Para él, los peores masones eran los que tenían simpatía o relación con don Juan, conde de Barcelona.

Lo que nunca quedó claro es si eran masones por el solo hecho de ser partidarios del jefe de la Casa Real española en el exilio o que los únicos partidarios de Su Alteza Real eran los masones.

Salvo con el general Cabanellas, con los demás no tenía piedad. Fusilarlos ya le hubiera gustado. Fusilarlos a todos.

Porque lo que se dice cargarse, ya se cargó a muchos por el simple hecho de pensar que eran masones. Esta obsesión llegó a ser una enfermedad mental. Hasta del teniente general Barroso, jefe que fue de su Casa Militar, pensó que era masón. La sospecha se la confió a quien había sido antecesor en el cargo y secretario, el general Franco Salgado-Araujo. En su obra *Mis conversaciones privadas con Franco* recuerda el momento en el que le preguntó poco más o menos lo que a mí en el puesto de caza de El Cerrón:

—¿Tú crees que Barroso tendrá algún contacto con la masonería? La verdad es que no me agrada nada la conducta política de Barroso, pues sé de buena tinta que ha tenido una reunión con ciertos elementos de Estoril.

¡Siempre el conde de Barcelona como referencia! ¡Ni que don Juan hubiera sido el Gran Maestre del Grado 33!

Hasta de su amigo el general Perón pensó que «caminaba conducido por la masonería a cuyas órdenes está entregado». Porque, según Franco, Juan Domingo Perón «no siente el menor apego a la Iglesia».

Para Franco, ¿cuántos masones habría hoy en España?

En este terreno tenía tal falta de pudor que según José María Toquero, en su obra *Franco y Don Juan. La oposición monárquica al franquismo,* veinticinco minutos de reloj le dedicó al tema en el transcurso de la tercera entrevista que el General y don Juan mantuvieron en la finca del conde de Ruiseñada en Extremadura, para tratar, no de la masonería, sino de la educación y formación del príncipe Juan Carlos.

Según Toquero, prestigioso historiador, lo de la masonería y los masones surgió cuando el Caudillo abordó el tema de los asesores que el conde de Barcelona tenía, y que parecían no gustarle. Al nombrar a don Pedro Sainz Rodríguez, don Juan le interrumpió diciéndole:

—Ya sé que éste no es santo de devoción de vuestra Excelencia.

Franco, sin andarse por las ramas, entró al trapo practicando esa modalidad que tenía de hablar dos palabras antes de pensar lo que iba a decir, y respondió:

—Pues verá, verá...

Y dedicó esos veinticinco minutos a los que nos hemos referido a explicar al conde de Barcelona, a él, precisamente, por qué su asesor, consejero y amigo era masón.

Muchas estupideces tuvo que decir el General para que Su Alteza Real, cuando acabó el monólogo, le aclarara:

—Excelencia, debe juzgar a las personas por su trayectoria política. Nada de lo que me ha dicho me hará cambiar de opinión y mucho menos pensar que Sainz Rodríguez sea masón.

Don Juan no se achicó. Nunca lo hizo ante el General y siempre mantuvo su dignidad. Pero Franco volvió al tema, y como sobre la masonería y los masones parecía saber mucho, saberlo todo, al menos eso quiso demostrar al jefe de la Casa Real española, le respondió provocadoramente:

—Pues no sólo don Pedro. También hay otras muchas personas que no sabe Su Alteza que lo son.

Ignoro si por seguirle la corriente o por simple curiosidad de conocer hasta dónde llegaba la obsesión del Caudillo con los masones, preguntó:

—Pues, ¿quiénes?

—Pues su tío don Alfonso también es masón.

Es posible que se refiriera al infante don Alfonso de Borbón Dos Sicilias, padre del actual duque de Calabria.

Me imagino la divertida expresión de don Juan, quien en el tono campechano que le es habitual, respondió a Franco «entre carcajadas», según José María Toquero:

—Mi General, si todos los masones son así tendremos que levantarle un monumento a los masones...

Molesto porque don Juan se tomaba a choteo sus palabras, Franco, para intentar fastidiar aún más le soltó:

—También lo es el duque de Alba.

Se refería al padre de Cayetana, que había sido su embajador en Inglaterra y que había muerto recientemente.

El conde de Barcelona pensaría que «¡hasta aquí podíamos llegar!», y que ya estaba bien de tanta imbecilidad, y en tono serio y crispado, le respondió:

—¿Vuestra Excelencia ha visto su testamento? Los hechos de la muerte no se mienten de una forma tan descarada.

Ante todos estos testimonios, ¿cómo pudo extrañarme la pregunta del General sobre Campúa en la soledad de aquellos montes de El Cerrón?

Mucho tiempo después e investigando por mi cuenta —nunca le dije a José Campúa lo que Franco me había preguntado sobre él—, supe que esta impresión que Su Excelencia tenía de su fotógrafo personal se debía a un chivatazo que le habían dado sus servicios de espionaje y de información en la Embajada de España en Lisboa, que habían visto a Campúa en Villa Giralda, en Estoril, no sólo fotografiando al conde de Barcelona, sino incluso aplaudiéndole con un grupo de españoles que le visitaban.

¡Siempre la obsesión de don Juan, para el General el primer masón de España!

CAPÍTULO X

Y DE POSTRE SIEMPRE *RAZA*

Las cacerías de Franco duraban varios días, tantos que personas honestas de su círculo más íntimo, que también las había, se lo criticaban a él directamente. Y lo malo es que como en ésta de El Cerrón, una más de las muchas a las que asistía a lo largo del año, le acompañaban, como hemos visto, varios ministros, lo que suponía una dejadez cuando no una paralización de la Administración.

No todos, de la larguísima lista que hemos recordado, se quedaron a dormir en la finca de Antonio Guerrero Burgos, que sólo contaba con siete habitaciones. La principal era para Su Excelencia y esposa; otra para los anfitriones; una tercera para el médico, doctor Vicente Gil; la cuarta para los marqueses de Villaverde; las otras tres para algún que otro ministro y para los ayudantes.

A la cena que siguió a la montería sí se quedaron muchos de los asistentes, aunque en la gran mesa del comedor no cabían más de veintidós comensales y con cierta incomodidad, pero de lo que se trataba era de compartir mesa y mantel con el Generalísimo, que te vieran. Y, sobre todo, que los más importantes, los ministros, por ejemplo, pudieran ver que el Caudillo y su esposa se hospedaban en tu casa y te trataban con confianza. Luego se obtenían grandes favores y permisos de importación de tractores, de automóviles. O exenciones fiscales. O vaya usted a saber. También podía ser sólo vanidad.

Como es lógico y natural, las mayores deferencias de los anfitriones, y todo lo mejor que había en la casa, eran para Su Excelencia. No ocurrió como con aquel anfitrión, que tras ofrecer a Alfonso XIII una comida, y una vez terminada ésta, le invitó a bajar a su bodega, donde guardaba unos extraordinarios vinos que no habían servido durante el almuerzo. Sorprendido, Su Majestad le preguntó que para cuándo pensaba dejarlos, a lo que el buen hombre, que no debía tener muchas luces, respondió: «Para mejor ocasión, Majestad, para mejor ocasión.»

Aunque se trataba de una residencia particular, una casa de campo, los señores Guerrero Burgos, y quien dice ellos, puede decir todos aquellos que invitaban a Franco a sus fincas, se desvivían por atenderle, por agasajarle. Todo el servicio de la casa y algunos más, eventuales, estaban sólo pendientes del Caudillo hasta en los más mínimos detalles, sin saber que Franco, de costumbres sencillas y cuarteleras, llevaba durmiendo desde el día que entró en El Pardo en 1940 en la misma cama, de caoba y bronce, eso sí, pero con la misma colcha de seda de color verde manzana desteñido e iluminándose con el mismo modesto flexo sobre la mesilla de noche. El dormitorio tenía también un par de apliques de dos luces muy decadentes y vulgares a un lado y a otro de las dos camas, separadas tan sólo por una repisita con un teléfono blanco. También había una gigantesca araña pendiente del techo que no era como para dormir. Lo único que podía llamar la atención de aquel dormitorio del matrimonio Franco era el pequeño mueble oratorio en el que Franco conservaba la mano incorrupta de Santa Teresa.

Al igual que no le habían cambiado la colcha en treinta y cinco años, a lo peor tampoco le cambiaban las toallas y las sábanas con la frecuencia con que lo hacían cuando dormía en El Cerrón, porque un día el General le dijo a

Ana Pereira, la esposa de Antonio Guerrero Burgos y señora de la casa:

—No se molesten en cambiarme todos los días las sábanas y las toallas.

Con el menú de las cenas, porque almorzar no se almorzaba —sólo el «taco» en el puesto, que él no probaba—, no se metía. O al menos nunca dijo nada. Lo cual no tiene nada de extraño, ya que comer, lo que se dice comer, en El Pardo se comía peor que mal. Y además sin imaginación. Y no resulta extraño, ya que el cocinero era un guardia civil. Alfonso de Borbón recordaba que un día de Navidad, mientras uno de sus nietos intentaba cortar el trozo de pavo que había pinchado con un tenedor, dijo: «Abuelo, éste debió vivir hacia 1956.» «No te equivocas», respondió el General.

El menú era siempre el mismo:

DESAYUNO: yogur y una ciruela, cuando era tiempo de ciruelas, u otra fruta según la estación.

APERITIVO: zumo de naranja.

ALMUERZO: menestra, 150 gramos de pollo, dos ciruelas, aunque en el comedor había un gran bodegón de langostas que abría el apetito.

MERIENDA: té y tres galletas.

CENA: sopa juliana, merluza hervida y tres ciruelas.

Y el café en la salita gris bajo las miradas de las infantas María Luisa y María Isabel y el infante Pascual, hijos de Carlos III, que colgaban de las paredes.

Con estos menús háganse todas las variaciones posibles, pero no se salía de ahí. En vez de pollo, perdiz o ternera o cualquier otra carne. Y en lugar de merluza hervida, lenguado a la plancha, trucha, rodaballo o salmón, que de esto debía haber mucho en la despensa, pues incluso se creó un banco del salmón donde el General y sus amigos abrían una cuenta con los kilos que entregaban y que iban sacando, según necesidades, mediante cheques, como en las entidades bancarias.

Porque la pesca, junto a la caza, fue otra de las pasiones deportivas de Franco. Sus escenarios preferidos eran los ríos asturianos para el salmón y el mar Cantábrico, a lo largo de toda la cornisa, para el atún, aunque en unas vacaciones de verano llegó a pescar hasta una ballena de veinte mil kilos con la que mantuvo una lucha de casi veinte horas. Hasta que se rindió. La ballena, por supuesto. Un atún de trescientos kilos a punto estuvo de costarle una mano, como una cacería ya le costó el dedo pulgar de la izquierda.

Cuentan los que le trataban entonces y le acompañaban en estas aventuras, que lo peor de las jornadas de pesca es que tenías que aguantar, cuando éstas finalizaban y durante horas y horas de pie, el relato de cómo había tenido que luchar para hacerse con la pieza. En esto no se diferenciaba en mucho de otros cazadores y pescadores. Su primo cuenta que era muy vanidoso al respecto. Y no sólo le gustaba contar, sino que le preguntaran: «Que si no le preguntamos, nos pasa a la escala B», comentó un día el capitán general Muñoz Grandes.

Las sobremesas, después de las cenas en El Cerrón, eran lo mejor del día. A veces hasta las damas se ponían de tiros largos y los caballeros de esmoquin. Yo estuve en algunas de estas cenas de gala. Otras, la mayoría, sólo cambiaban el terno de caza por otro atuendo más formal, que siempre era elegante.

Aunque el protagonista era el General, yo diría más bien que era el pretexto para los encuentros de alto nivel político y económico de los que habían de salir grandes negocios y nombramientos, ya que, como decía Muñoz Grandes, aquellas cacerías se habían convertido en bolsas de negocios en las que se cotizaba la amistad con Franco.

Era curioso observar, como lo hacía yo, a Su Excelencia moviéndose por entre aquella marabunta de políticos, financieros y aristócratas trepadores hablando de sus intereses, sin que nadie de los presentes le prestara mayor atención. No sé por qué, pero a mí siempre me recordaba a Pepe Isbert mirando a unos y a otros sin que nadie le hiciera el menor caso. Pienso que en estas reuniones de sobremesa le rehuían porque si te enrollabas con Su Excelencia, perdías el tiempo escuchándole, por décima vez, la historia de aquel ciervo de veinte puntas que había logrado abatir de un solo disparo, en el sitio justo y necesario que está detrás de la paletilla. Y que lo había hecho a cien metros y sin mira telescópica. Ellos, los invitados, lo que deseaban era hablar con Arburúa, el de Comercio, o con Cirilo Cánovas, el de Agricultura, que para eso habían ido.

A veces, el General se aburría tanto que optaba por sentarse ante el televisor en compañía de Antoñito Guerrero, júnior, el hijo único de los anfitriones, entonces un niño de doce años.

Una de estas jornadas cinegéticas coincidió con la retransmisión de un encuentro de fútbol entre el Real Madrid y el Atlético de Madrid, que, como hoy, ya eran rivales. Aquel encuentro debía de ser de esos que los comentaristas deportivos denominan, y no sé por qué, «un derby».

Como nadie de los invitados le hacía el menor caso, enfrascados como estaban en sus interesadas conversaciones, Franco, que sentía una gran pasión por el fútbol, hasta el extremo de que la tromboflebitis que padeció el 10 de julio de 1974 se achacó a la gran cantidad de horas que permaneció sentado ante el televisor con motivo del Campeonato del Mundo —aunque el doctor Hidalgo Huertas no cree que hubiera relación causa-efecto—, decidió tomar asiento junto al aparato instalado en un saloncito-biblioteca contiguo al gran salón-comedor y en el que sólo se encontraban Antoñito Guerrero y algunos ayudantes de Su Excelencia que nada tenían que ver con lo que se cocía entre los invitados.

El encuentro, que centró toda la atención del General, reveló algo que se desconocía y que hasta ahora ha seguido manteniéndose por los cronistas deportivos: el Real Madrid era el equipo del régimen, como ahora lo es de la monarquía, menos el príncipe Felipe, que es del Atlético. Pues más bien no, ya que ante el resultado —perdió el Madrid de Bernabéu y ganó el Atlético de Vicente Calderón—, el General comentó, como buen entendido que era:

—Este resultado beneficia al Barcelona (de Miró Sanz), y yo me alegro.

Después de la cena, el salón contiguo al comedor se

transformaba en sala de proyecciones, con sus filas de sillas. Era la hora del cine, como en El Pardo, donde en el pequeño y coqueto teatro construido por Carlos IV y restaurado después de la guerra civil, el Caudillo vio, como figura en los archivos de la Casa Civil, nada menos que 470 películas nacionales y 1.492 extranjeras, «con su NO-DO correspondiente», como recuerda el doctor Pozuelo. Y siempre en sesión de sábado tarde.

No sé si porque tuve mala suerte o porque era siempre así —aunque no lo creo—, en todas las cacerías de Franco a las que asistí, la película proyectada fue siempre *Raza,* de cuyo guión era autor el General con el seudónimo de Jaime Andrade. Con este nombre figura, porque así lo quiso, en la Sociedad General de Autores. «Un ensueño del General», lo denominó Roman Gubern.

Yo sólo tuve la oportunidad de asistir a media docena de estas cacerías. Pero muchos con los que coincidí, lo hacían casi siempre. Ellos y ellas eran, por lo general, los mismos. Y de *Raza,* que era una película patriotera de ínfima calidad, no sólo por el guión y la fotografía, sino también por la interpretación, debían de estar hasta la mismísima pluma del tirolés, ya que cada anfitrión, fuera Guerrero Burgos, Barreiros, Fierro o el conde de Arguillo, encargaban siempre la misma o las mismas películas. Lo hacían como deferencia y peloteo al dictador, y como el General no decía nada...

Resultaba divertido observar cómo una vez que se apagaban las luces en el improvisado cine, los invitados iban saliendo silenciosamente hasta dejar al Caudillo sin más compañía que algún que otro tímido o considerado invitado que se creía en la obligación de quedarse. O completamente solo, que yo lo vi en una ocasión.

Después de la película, y una vez que se habían marchado la mayoría de los invitados que, o regresaban a sus hogares o dormían en el Parador de Toledo o en algún hotel de Ciudad Real, se quedaban «los de casa». Los íntimos.

Era entonces cuando solían organizarse las partidas de mus, el único juego de cartas que el General toleraba. ¡Que por culpa de Heraclio Fournier su padre arruinó la casa y la familia! Aunque culpa también tuvieron las mujeres. En la cama de una amante murió.

¡Si ahora Franco levantara la cabeza y viera a su muy amadísima hija jugándose al póker, que es lo que le gusta y no el inocente «mus», hasta la Cruz Laureada de San Fernando de brillantes y esmeraldas, en largas noches de whisky y de cartas...!

Los jugadores de una de aquellas partidas en El Cerrón eran el marqués de Villaverde, Antonio Guerrero Burgos, Sanchiz (a quien el doctor Vicente Gil, consideraba «un canalla, un sinvergüenza». Así se lo dijo un día al General, que se limitó a sonreír socarronamente mientras le respondía: «¡Cuidado que eres bruto, Vicente!», como recuerda en sus memorias *Cuarenta años junto a Franco* el simpático médico, a quien Villaverde defenestró, posiblemente porque era la voz de la conciencia de tanto sinvergüenza como rodeaba al Generalísimo) y un cuarto jugador, cuyo nombre no recuerdo.

Mientras estos cuatro personajes jugaban, Franco permanecía silencioso observando la partida. Pienso que los jugadores incluso se habían olvidado de que estaba allí, tras ellos, sentado en una silla, como ese mudo testigo que sólo se atreve a juzgar lo que comprende, aunque, como buen observador que era, quizá advertía algo que escapaba a los otros. Estaba allí como un árbol, con su corteza dura y su silencio mientras los órdagos iban y venían entre guiños y extraños gestos que, a lo mejor, ni entendía.

La partida duró varias horas. Era ya madrugada cuando los jugadores decidieron terminarla. Fue entonces cuando el General habló para decir, tan sólo:

—¡Ahora ya me puedo ir a dormir!

Capítulo XI

EL BESTIARIO DEL GENERAL

Era de sobra conocido que a Franco le gustaba el cine. No sólo porque fuera el autor del guión de *Raza,* basado en una novela del mismo título que escribió en el año 1942. Le gustaba tanto, que, como recordó Fernando Rey en una entrevista en *El País* a Ignacio Carrión:

—Tenía la costumbre de llamar al director y a los primeros actores cuando se proyectaba una película en el palacio de El Pardo. Luego de la proyección, a la que también asistían doña Carmen y Carmencita, se servía un té.

Fernando Rey acudió a El Pardo porque se proyectaba *La Reina Santa,* dirigida por Rafael Gil.

—Como yo era el galán, me tocó acudir. Y cuando anunciaron que entraba Franco en la sala, nos pusimos de pie y él vino derecho a mí, me cogió de las manos, y mientras me las estrechaba, me preguntó: «¿Cómo sigue tu padre, Fernando? ¿Qué tal le va?»

El padre de Fernando Rey era el famoso coronel Casado, el que rindió Madrid a las tropas de Franco. Y en vez de huir por Valencia como todos los mandos «rojos», se quedó y le detuvieron. Pero lo que nadie esperaba, y él menos que nadie, es que le condenaran a muerte.

Aquel día en El Pardo, Franco le pregunta a Fernando Rey por su padre:

—Bien sabía que seguía encerrado en la prisión militar de Valencia y que durante meses le despertaban de madrugada haciéndole creer que le iban a fusilar. Se vestía, le sacaban al patio y luego volvían a meterle en la celda. Incluso avisaban a mi madre: «Venga a por el cadáver, que le vamos a ejecutar mañana.»

Lo único que a Franco se le ocurrió decirle al buenazo de Fernando, que uno no se explica cómo pudo ir a ver al General, fue:

—¡Qué pena! ¡Qué lástima que su padre no hubiese estado con nosotros, de nuestro lado!

Y diciendo esto, tomó asiento para ver la película.

El Caudillo fue un hombre de lágrima fácil. Yo le vi llorar en varias ocasiones: el día que compareció ante la prensa, en pijama y bata, en la clínica que llevaba su nombre, después de la tromboflebitis de 1974; también en la fiesta de petición de mano de su nieta María del Carmen, y el día de la boda, que aquello era una Magdalena vestida de capitán general con uniforme de gala. Y no quiero ya ni recordar la famosa foto en la que aparece hipando cuando saluda a la viuda de Carrero Blanco, el presidente de su Gobierno, en el funeral en San Francisco el Grande, que se te abrían las carnes de verle con su luto en la manga como los hombres de mi pueblo y haciendo pucheros como un niño.

Creo que siempre fue un «niño» sin sentimiento. Con la crueldad propia del niño. No hay que olvidar aquella frase pronunciada con motivo del asesinato de Carrero: «¡No hay mal que por bien no venga!» Frase que ya tuvo un antecedente, aún más elocuente y expresivo, con motivo de la muerte de quien fue capitán general de Cataluña, Juan Bautista Sánchez. De este ilustre militar, que era paisano mío, Franco siempre pensó que conspiraba contra él sólo porque era monárquico y partidario de don Juan. Cuando le comunicaron que había muerto repentinamente, de un infarto, se limitó a comentar:

Esta curiosa y extraña fotografía fue tomada en el palacio de La Zarzuela con motivo del bautizo del príncipe Felipe. Nunca se supo qué cosa tan graciosa le podía estar contando el General a Jesús Pabón para que éste se riera de forma tan ostentosa.

El General gustaba de hacerse representar, en los acontecimientos que tenían lugar en el extranjero, por sus hijos los marqueses de Villaverde, a los que aquí vemos en Bruselas con motivo de la boda de Fabiola y el rey Balduino.

El General montando a «Zegrí» en la finca de El Cerrón del Castillo de Prim, propiedad de Antonio Guerrero Burgos.

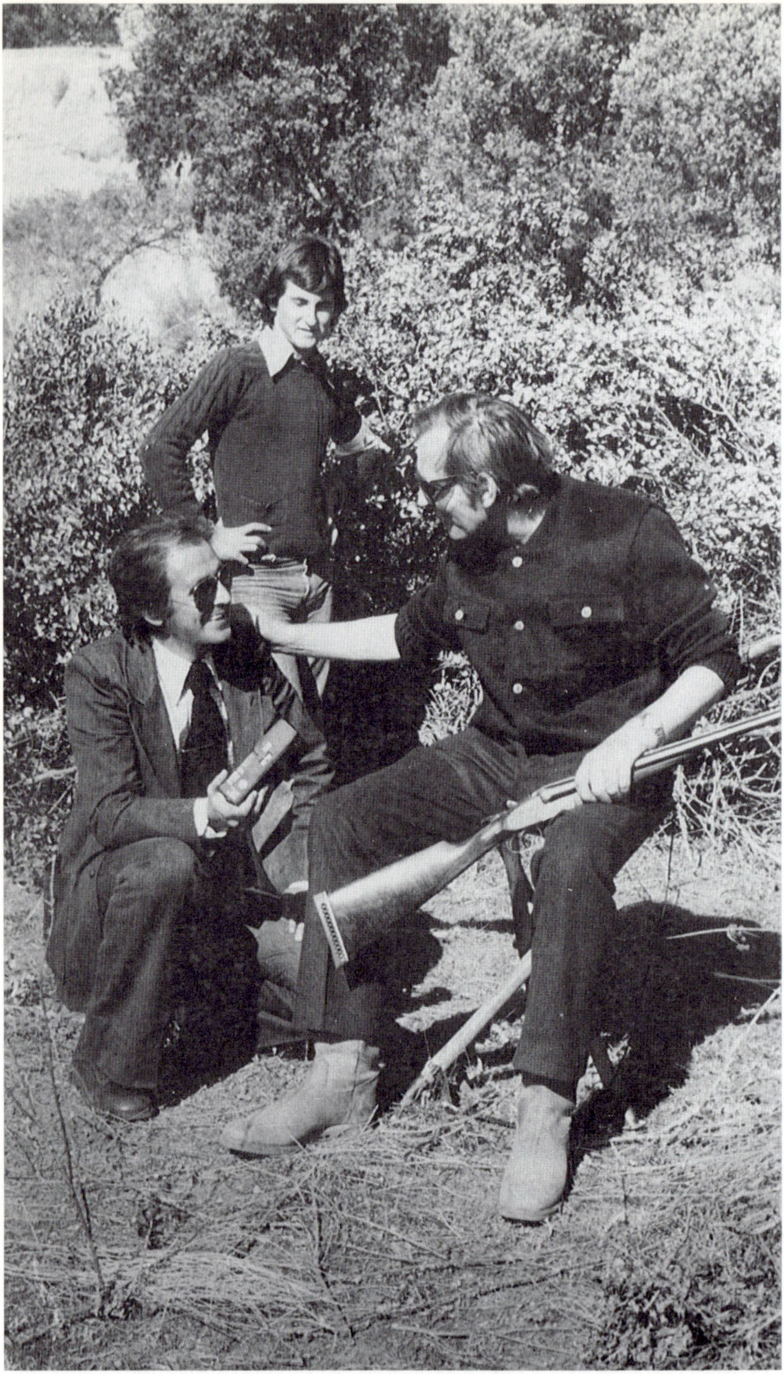

Aunque en la última cacería del franquismo participaron Barreiros (en la foto superior junto a Bárbara Barnard), Arburúa, Fierro y otros prohombres del franquismo, en el reportaje de *¡Hola!* solamente apareció el doctor Barnard, en cuyo honor se celebraba, y que en la fotografía de la izquierda aparece con Jaime Peñafiel. Franco se estaba ya muriendo, y ninguno de ellos quiso aparecer en el reportaje, salvo el marqués (a la derecha de la foto inferior).

El General y la Generalísima con su nieta María del Carmen cuando ésta y su abuela aún creían que podía convertirse en reina de España.

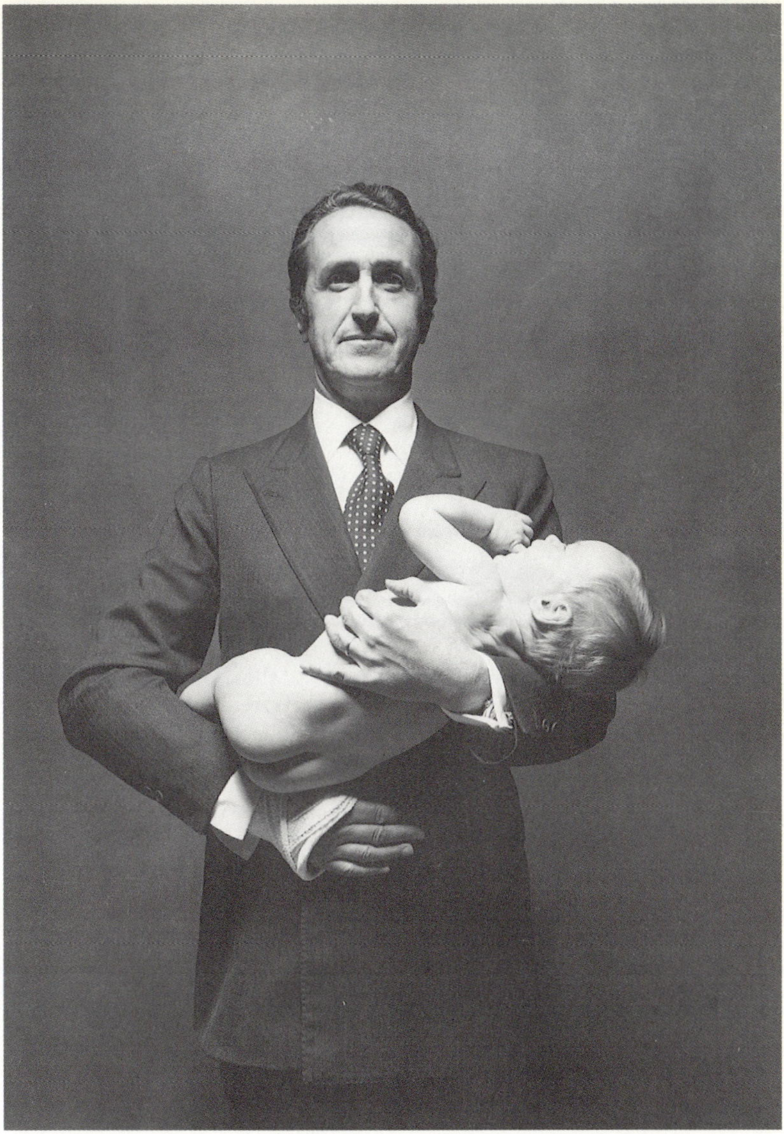

El entonces ministro de Asuntos Exteriores, Gregorio López Bravo, fotografiado por Alberto Schommer para una serie que estaba publicando en *ABC*. El General, que captó la intención surrealista del mensaje fotográfico, se sintió profundamente disgustado y en un Consejo prohibió a sus ministros que posaran «para ese fotógrafo, creo que alemán...».

Miembros del «equipo médico habitual», entre ellos los doctores Hidalgo Huertas y Martínez Bordiu, en una de las comparecencias ante la prensa durante los últimos días de vida del General en la clínica La Paz. A la derecha, Jaime Peñafiel.

—La muerte ha sido piadosa con él. Ya no tendrá que luchar con las tentaciones que tanto le atormentaban en los últimos tiempos. Tuve mucha paciencia ayudándole a evitar el escándalo de la deslealtad que estuvo a punto de cometer. Gracias a su muerte ya no tendré que relevarle.

Y como no coincidía con él, mejor estaba muerto. El General quizá pensaba que Dios colaboraba quitándole a sus enemigos. Menos cuando él mismo se los quitaba de en medio sin la colaboración del Altísimo. Como aquellos cinco miembros de ETA y el FRAP que mandó fusilar en la madrugada del 28 de septiembre de 1975, dos meses antes de su muerte.

El mundo entero reaccionó contra él, aunque oficialmente se dijera que era contra España. Como siempre que necesitaba demostrar que el país estaba de su lado y coincidiendo con el trigesimonoveno aniversario de su elevación a la Jefatura del Estado, se convocó a los españoles a donde siempre se les convocaba: la plaza «del millón», la plaza de Oriente, donde acudían los que allí cabían, que eran no más de cincuenta mil, que ya son muchos.

En el balcón del Palacio Real y junto al General, todo su Gobierno. Y hasta el cardenal primado de Toledo, monseñor Marcelo González, que era muy franquista. Sólo faltaba el príncipe don Juan Carlos, que debió pensar que no era prudente, en aquellas circunstancias, aparecer junto a Franco, respaldando con su presencia a un hombre que el mundo entero llamaba asesino y que encarnaba a un régimen en total descomposición, a un sistema, que él iba a heredar y que se moría, matando, con su fundador.

No le valió al Príncipe la treta, porque el presidente Arias Navarro, quizá por orden del General, le mandó llamar. Pero no lo encontraban. Don Juan Carlos estaba, en esos precisos momentos, ¡ya es casualidad!, sobrevolando en un helicóptero la plaza de Oriente. En los momentos más críticos al Rey siempre le gustó ver los toros desde el aire. Ya lo hizo cuando el multitudinario entierro de los abogados laboralistas y cuya manifestación popular, que allí sí que hubo cientos de miles de españoles, significó la legalización, por respaldo popular, del Partido Comunista de España. «¡En ese helicóptero va el Rey!», gritaba la gente. Y no se equivocaba, ya que allí estaba él comprobando, personalmente, la puesta de largo del PCE.

Aquel dramático día 1 de octubre de 1975 no le valió, que todavía vivía el General. Y del helicóptero le ordenaron bajar. Cuando al fin llegó al Palacio Real hacía ya algunos minutos que Franco estaba allí, en el balcón, diciendo su postrero adiós a sus seguidores, exaltados aquel día por la campaña internacional que contra el dictador se estaba orquestando.

Y mientras Su Excelencia estaba allí, agitando su manita parkinsoniana, ETA asesinaba a tres policías que prestaban servicio en bancos y cajas de ahorro. Cuando regresó al palacio de El Pardo y supo la noticia, ni el pulso se le alteró. Se lo tomó su médico personal, el doctor Pozuelo, y tenía sesenta y dos pulsaciones. Sólo le dijo a Pozuelo:

—Las tres familias de los guardias estarán tristes y solas.

Porque a Franco, lo que de verdad le impresionó y emocionó esos días no fue haber tenido que firmar, como en sus «mejores» tiempos, cinco penas de muerte, ni saber que le habían asesinado a tres miembros de las Fuerzas de Seguridad de «su» Estado, sino conocer, al día siguiente, que una vaquilla había matado a Antonio Bienvenida durante una tienta en una finca de Amalia Pérez Tabernero en El Escorial.

—¡Qué pena!, no he podido dormir en toda la noche. Era tan buena persona, uno de los hombres que merecía conocerse. Los Bienvenida constituían una familia ejemplar —le refirió al doctor Pozuelo, que les conocía muy bien, ya que había sido médico de cabecera de toda la dinastía.

A lo mejor, lo que más le gustaba de Antonio Bienvenida es que era uno de los pocos españoles que, como él, rezaba el rosario en familia todos los días. Hasta cuando vino a España aquel predicador americano, el padre Payton, exaltadamente cinematográfico, y organizó una reunión multitudinaria en El Retiro, el torero no sólo acudió con toda su numerosa prole, sino que fue el encargado de rezar el primer misterio del Rosario. Incluso se retransmitió por la tele.

Si todas las «salidas» del General pudieran recogerse y publicarse, constituirían un asombroso «bestiario» digno de estudio. A través de ellas sería muy fácil realizar un completo retrato psicológico de Francisco Franco, ya que las respuestas ante cualquier tema o acontecimiento eran siempre insólitas, frías y calculadoras. A veces hasta con cierto sentido del humor, aunque ese humor fuera negro.

Ninguna otra actividad del General como las audiencias —en los archivos de la Casa Civil hay registradas más de cien mil— para encontrar esas «salidas» de Su Excelencia que dejaban a sus interlocutores sin capacidad de reacción. Y siempre sorprendidos cuando no indignados. ¡Pero cualquiera lo manifestaba! Allí se iba abrumado, nervioso y asustado, ya fueran los pardillos que acudían a recibir los premios de natalidad —¡que entonces se premiaba oficialmente el tener muchos hijos!—, como si se trataba del mismísimo presidente de las Cortes.

El protocolo para las audiencias era muy sobrio, pero al mismo tiempo muy aparatoso. Los que habían solicitado la audiencia y les había sido concedida —otras veces era el General el que llamaba y eso era peor—, aguardaban el importantísimo momento en una salita contigua, hasta que el ayudante de turno anunciaba el nombre. En ese preciso momento y no antes se abría la puerta del despacho de Su Excelencia, y allí, al fondo, muy al fondo, estaba él, de pie ante su mesa de trabajo de estilo imperio. Siempre atiborrada de papeles y carpetas.

Detrás de él y de la mesa, uno de los tapices más preciados del palacio, perteneciente a la serie *Batallas del archiduque Alberto,* que nadie advertía, porque lo que les dejaba paralizados, con el resuello en la garganta y las manos sudando, era él, siempre vestido de uniforme de capitán general y con una sola condecoración en el pecho: la Laureada de San Fernando. Si se hubiera colocado todas las que le habían concedido hasta entonces, más se hubiese parecido a un escorado mariscal soviético, que éstos se las prendían hasta en los bajos del pantalón. «Como Su Excelencia ya tiene muchas, ésta que le entregamos hoy puede colgársela a su nietecito», se atrevió a publicar en el diario *Madrid* y en plena dictadura, el redactor-jefe de cierre Juan Rodríguez Ruiz. Por aquella viñeta, publicada anteriormente en *Le Monde* francés, le echaron dos años de cárcel, aunque luego fueron generosos y se la conmutaron por uno de reclusión en su propio domicilio de la calle de Velázquez; pero eso sí, con una pareja de guardias, día y noche, vigilándole en un piso de setenta metros cuadrados. ¡Así se las gastaba entonces la censura!

Pero volvamos al despacho oficial del General en un día cualquiera de audiencias, aunque aquel día, para el presidente de las Cortes españolas, Rodríguez de Valcárcel, no sería nunca un día cualquiera. No porque Su Excelencia le recibiera, que ya lo había hecho en varias ocasiones, sino porque lo que le ocurrió es para no olvidar mientras se viva. No lo olvidó hasta el día de su muerte. Así lo contaba él.

—No sé qué es lo que me pudo pasar, pero cuando se abrió la puerta del despacho y me anunciaron, hice lo que siempre hacía: cuadrarme ante el Generalísimo, que, apoyado en la mesa, me miraba. No creo que me pusiera nervioso, que a lo peor sí, porque cuando creí entender que me estaba invitando a que me acercara, debí tropezar con la alfombra, perdí el equilibrio y caí al suelo cual largo era. Hasta vi el espléndido techo pintado por Bayeu y que representa a la monarquía española. Porque pienso que debí quedar boca arriba. Cuando, al fin, me levanté, sólo alcancé a oír la vocecita de Su Excelencia, que a lo mejor se estaba hasta riendo, que decía: «¡Valcárcel, vuelva usted otro día!»

Lo de Gregorio Marañón Moya, el hijo que mejor ha sabido rentabilizar el glorioso apellido del padre, ya que por llamarse Marañón ha sido todo lo que ha querido y ha tenido todos los cargos que se pueden tener, sin más mérito que ser hijo de quien era, también es una perla. No precisamente por Gregorito, sino por la «salida» del General en el transcurso de una audiencia. ¡Hay que reconocer que en esta ocasión Franco tuvo mucha gracia!

Era un miércoles, día dedicado a las audiencias colectivas, porque un día Su Excelencia recibía individualmente, otro a comisiones y un tercero lo dedicaba a recibir a sus compañeros de armas en «audiencia militar».

Como siempre, el ayudante de jornada anunció: «Comisión del Instituto de Cultura Hispánica presidida por don Gregorio Marañón Moya.» Y allí que entró el hijo de don Gregorio y los componentes de dicha comisión por él presidida.

En este tipo de audiencias colectivas Franco permanecía siempre de pie mientras el presidente de turno soltaba el rollo de gratitud o de petición y le entregaba el regalito, porque siempre había que llevar un regalito. El General correspondía con unas palabras de agradecimiento. Campúa hacía la fotografía de grupo y uno a uno cuando estrechaban la mano de Su Excelencia. ¡Que luego esa foto se cotizaba mucho y era casi un cheque al portador! Y que pase otra comisión.

A propósito de las fotos, yo vi en una ocasión y en el domicilio de un personaje muy importante que ofreció una cena a la que yo estaba invitado, una fotografía, en este caso concreto del rey Juan Carlos, espectacularmente enmarcada en plata. Más que la fotografía, me llamó la atención el marco, porque en la parte superior habían colocado hasta una corona de oro. Pero al acercarme a contemplarla, cuál no sería mi sorpresa al ver la dedicatoria, que ocupaba varias líneas de un texto y una redacción que no es la habitual en las dedicatorias de los Reyes, que no pasan de un «a fulano de tal, con afecto». Hasta he llegado a pensar que lo hacen en la secretaría de La Zarzuela con una máquina especial. Pero aquella dedicatoria no sólo era testimonio de amistad, sino también de agradecimiento por los servicios prestados «a la Corona y a mi persona», además de otras familiaridades que a todos los asistentes les impresionaron. Menos a mí, ya que advertí que aquella no era ni una dedicatoria real ni la letra de Su Majestad. Aquel cara ni se había molestado en falsificarla al escribir la dedicatoria que deseaba y que muchos dividendos debía de reportarle.

Después de aquella comisión presidida por el hijo del inolvidable doctor Marañón, el ayudante volvió a anunciar: «Comisión de los Amigos de los cigarrales de Toledo, presidida por don Gregorio Marañón Moya.» Y otra vez el mismo ceremonial de discursos, regalo, réplica, fotografía, y ¡que pasen otros!

Y el ayudante que anuncia: «Comisión del Consejo de Administración del Club Puerta de Hierro, presidida por don Gregorio Marañón Moya.» Y a repetir todo el rollo otra vez.

Por cuarta vez, el vocero anunció la siguiente comisión: «Consejo de Administración de Waymer, S. A. (es un decir), presidida, ¡oh, casualidad!, por don Gregorio Marañón Moya.»

Y aquí el General ya no pudo más, y dirigiéndose a Gregorito, le preguntó:

—Oiga, Marañón, y usted, ¿cuándo trabaja?

Peor fue lo que le ocurrió a José Solís y otros ministros, cuyos nombres no recuerdo, que solicitaron ser recibidos en audiencia por Su Excelencia para quejarse del Opus Dei y pedirle a Franco que tomara alguna determinación contra los miembros de la institución, que estaban copando la Administración. Y mientras a ellos se les iba el tiempo «que si el Opus..., que si monseñor..., que si tal y que si cual miembro supernumerario...», el General, posiblemente cansado, les interrumpió para preguntarles:

—¿Qué tienen ustedes contra el Opus? Porque mientras ellos trabajan, ustedes solamente joden.

Otra versión cuenta que ciertos ministros no sólo se quejaron de la influencia del Opus, sino que le llegaron a decir a Franco:

—Excelencia, el pueblo empieza a cansarse.

—El que está empezando a cansarse soy yo —respondió el General, dando por terminada la audiencia.

En los últimos años de descomposición de su régimen, Franco, aunque veía enemigos y masones por todas partes, no era tan tonto —que tonto no lo fue nunca— para no advertir en la prensa las críticas, aunque éstas fueran inteligentemente subliminales, como los retratos psicológicos del famoso fotógrafo español de renombre internacional Alberto Schommer.

Era el año 1973. Luis María Ansón, que ya por entonces era director de *ABC*, le encargó un trabajo muy difícil y delicado: fotografiar el presente en función del futuro inmediato a través de los personajes más representativos del mundo político, social, económico, religioso y cultural.

Y se seleccionaron una serie de nombres muy importantes del momento en que vivíamos. Entre ellos, José María Pemán, que apareció en las páginas del monárquico periódico de los Luca de Tena, fotografiado por Schommer sentado en un sillón con un poema desmayado en sus manos y en el respaldo una corona real casi caída. Alberto quiso expresar las dudas sobre la monarquía después de Franco. El ex ministro Martín Artajo apareció en la serie fotográfica sentado ante una mesa con una vieja urna llena de candados. Girón con un antiguo libro de pergamino en cuya cubierta podía leerse: *justicia social*. Fernández de la Mora con el rostro apoyado en la mano izquierda y en la derecha una pluma como si estuviese esperando tomar nota de lo que iba a venir. Y Silva Muñoz con una bola de cristal en las manos, y un fondo de tormenta, nubes y rayos para todos representando el futuro.

Alberto Schommer quiso ir más lejos, ya que no se contentaba sólo con los ex ministros, y aun conociendo las dificultades, llamó a Gregorio López Bravo, que ostentaba entonces la cartera de Asuntos Exteriores. Para ello contactó con aquel diplomático del Opus Dei que se llama Martínez Caro (López Bravo también lo era) y que desplazó a Puig de la Bellacasa, sospechoso de serlo también, de la Secretaría General de La Zarzuela para quedarse él, entonces su segundo. ¡Y vive Dios que lo consiguió! Puig de la Bellacasa tuvo que abandonar su cargo en la Casa Real, al que volvió años más tarde para volverlo a abandonar por motivos no suficientemente explicados, que en La Zarzuela ha habido cada conspiración interna como para escribir un libro: con los Armada, los Puig de la Bellacasa, los Mondéjar, los Martínez Caro, los Fernández Campos, Laurita Hurtado de Mendoza, Marisa Satrústegui...

López Bravo aceptó posar para Schommer, cuya idea era la de realizar una fotografía más vanguardista, más surrealista, a ser posible. Y no se le ocurrió otra cosa que buscar a un niño de pocos meses y colocárselo desnudo en los brazos a un López Bravo vestido con un elegante y diplomático traje gris a rayas.

—Lo del niño será porque tengo muchos hijos [tenía nueve] —dijo el ministro.

—No, ese niño desnudo es el futuro de España, futuro que, como responsable de la cartera de Asuntos Exteriores, está también en sus manos.

Esta fotografía, concretamente ésta, causó gran impacto en la opinión pública. Y fue muy comentada.

En el transcurso del Consejo de Ministros celebrado el viernes siguiente a su publicación, y cuando se estaba terminando la reunión ministerial, el General, sin levantar la cabeza de la mesa y sin mirar a López Bravo, dijo, para que todos tomaran buena nota:

—Yo les agradecería que estando en el ejercicio del cargo que les he encomendado, porque tienen toda mi confianza, no posen para ese fotógrafo, creo que alemán [Alberto es hijo de una dama española, concretamente vasca, y de un alemán], que está publicando en *ABC* unas extrañas fotografías...

Y como las sugerencias de Su Excelencia el General eran órdenes que no se discutían, todos los ministros, que ya se habían comprometido con Alberto Schommer para la fotografía, le llamaron anulando la cita. Preferían dejarlo «para después». Ese «después» era la muerte de Franco.

Para cerrar esta serie de anécdotas, auténticas perlas del «bestiario» franquista, no me resisto a contar la deliciosa historia de los zapatos del General, que demuestra de una forma elocuentemente expresiva, la deformada idea que tenía sobre la libertad del hombre, en todos sus aspectos, y al que sólo un espacio suficiente para moverse asegura la libertad de su existencia.

El dictador tenía un concepto muy cuartelero de dicha libertad. Un día su médico, el doctor Pozuelo, advirtió que Su Excelencia tenía unos callos en el pie que, después de la tromboflebitis que había padecido en 1974, no le gustaron nada. Se debían al calzado de suela muy dura y una tremenda piel, de esos muy baratos, que debían torturarle los pies.

—Excelencia —le dijo Pozuelo—, es preciso cambiar de zapatos.

—Estos zapatos los he llevado siempre. Tengo muchos pares que me regala Segarra.

Segarra fue aquel fabricante que llenó de callos los pies de media España, cuando no les dejó cojos.

—Le guste o no le guste, hay que cambiarlos —insistió el médico—. Esos zapatos que lleva le han producido las durezas y como son de piel tan poco flexible necesariamente tienen que molestar.

—Cierto. Cada vez que estreno unos nuevos pares me molestan hasta que el pie se hace al zapato.

—Eso es lo que se dice en el ejército, pero lo natural es todo lo contrario: es el zapato el que tiene que hacerse al pie —se atrevió a responderle Pozuelo.

—Ustedes son unos comodones —le respondió despectivamente el General *.

Y es que el opresor no se da cuenta del mal que implica la opresión en tanto que el oprimido la acepta.

* Vicente Pozuelo, *Los últimos 476 días de Franco,* Planeta, Barcelona, 1981.

CAPÍTULO XII

¿DONDE ESTA EL ILEGAL TOISON DE ORO DE FRANCO?

Desde que el General murió, el 20 de noviembre de 1975, muchas preguntas han quedado sin respuesta. Y a lo peor, nunca la tendrán.

—¿Dónde están las memorias que Franco comenzó a grabar en un magnetófono en agosto de 1974 por sugerencia del doctor Pozuelo? («Yo grabo las cintas, usted se las lleva a Consuelo —la esposa del doctor Pozuelo—, ella las transcribe, usted me las devuelve, las corrijo y nuevamente su esposa las pasa a limpio. Me guardo el pliego definitivo y voy almacenando el material hasta que tenga escrito el libro completo.»)

—¿Dónde están los valiosos regalos que Franco recibió en calidad de Jefe del Estado a lo largo de cuarenta años y que, como tales, pertenecen al patrimonio nacional? (El presidente de los Estados Unidos sólo puede quedarse con aquellos objetos que no superen los cien dólares.)

—¿Dónde está el coche Mercedes, especialmente construido para Franco, y del que sólo se hicieron dos ejemplares, que Hitler le regaló y cuyo valor asciende a cientos de millones de pesetas cuando no de dólares?

—¿Dónde está toda la correspondencia que el General mantuvo a lo largo de esos cuarenta años con jefes de Estado de otros países y que deben constituir una valiosa aportación a la Historia?

Las medallas y condecoraciones ya sabemos dónde están. Hablaremos de ello en el capítulo dedicado a la hija del dictador.

—¿Y dónde está el Toisón de Oro que Franco recibió, ilegalmente, de manos del infante don Jaime, el 6 de marzo de 1972, en el transcurso de una audiencia especial en el palacio de El Pardo dos días antes de la boda de su hijo Alfonso con la nietísima del General, María del Carmen?

El Toisón de Oro tiene una interesante historia, independiente de esta otra turbia, ya que es el símbolo de esa «cofradía masónica», según el sociólogo Amando de Miguel, que es la Familia Real española.

Fue instituido por el rey Felipe III el Bueno, el 10 de enero de 1429, para conmemorar el matrimonio con su tercera esposa, Isabel de Portugal. El fundador tomó como patrón de la Orden a San Andrés y en un principio creó tan sólo veinticuatro caballeros. Más tarde, Carlos V, rey de España, en el capítulo general que tuvo lugar en Bruselas en 1516, amplió hasta cincuenta y uno el número de los caballeros que podían recibir el Toisón, siempre que fueran príncipes, grandes de España o personajes que hubieran hecho particularísimos servicios al Estado.

Desde entonces, reside en la Corona de España la soberanía de la Orden, ya que de aquella unión de Felipe con Isabel de Portugal nació Carlos el Temerario, que casaría con Margarita de York, padres éstos a su vez de María de Borgoña, quien contraería matrimonio con el archiduque Maximiliano de Austria, los cuales fueron padres de Felipe el Hermoso, marido de Juana la Loca, y tuvieron un hijo que se llamó Carlos V. Un complicadísimo árbol genealógico cuyo enrevesado ramaje nos lleva hasta el actual Rey don Juan Carlos.

La insignia del Toisón consiste en un gran collar de oro con las armas del duque de Borgoña, compuesto de veintiséis eslabones dobles entrelazados de pedernales con dos BB antiguas y eslabones que engarzan en otras tantas piedras centelleantes, inflamadas de fuego con esmalte azul y rayas en rojo. Del citado collar pende el Toisón o Vellocino, que cae sobre el pecho, todo de oro esmaltado y lisado por el centro. La alusión del carnero se refiere al vellocino o vellón, Gedeón de la tribu de masianos que fue ofrecido a Dios en sacrificio y acción de gracias por las victorias conseguidas por los masianistas.

Los collares y sus correspondientes veneras son propiedad de la Orden y tienen que ser devueltos a la Casa Real española al fallecimiento del caballero, ya que el rey de España, Juan Carlos, es el Gran Soberano de dicha Orden.

Hoy, el Toisón es una joya de gran valor, ya que está realizada en oro, platino, brillantes, rubíes y un gran zafiro. El de Juan Carlos fue realizado por la joyería madrileña Villanueva y Laiseca, especializada, junto a los Hermanos Cerralbo, en el arte de las condecoraciones. El valor de dicho Toisón puede aproximarse a los ocho millones de pesetas.

Actualmente, el número máximo de caballeros del Toisón de Oro es de sesenta. Y cada uno está numerado, conociéndose quiénes han sido sus correspondientes beneficiarios.

Sería curioso saber a quién había pertenecido el que don Jaime entregó a Franco. En su día se rumoreó que era el suyo propio, el que le entregara su padre el rey Alfonso XIII como infante de España y que tuvo que desempeñar para asistir a la boda de su hijo Alfonso. Pero según puede verse en las fotografías tomadas en la ceremonia nupcial, se observa que el infante don Jaime luce su correspondiente Toisón. ¿Qué número tendría el entregado a Franco? ¿De dónde lo habría sacado el padre de Alfonso de Borbón? ¿Fue encargado especialmente para el General con el dinero que don Jaime recibió «por bendecir» el matrimonio de su hijo Alfonso con la nieta del dictador (dinero del que ya hablaremos en el capítulo dedicado a María del Carmen)? ¿Los herederos del infante han devuelto a la Casa Real española el Toisón? Muchas preguntas son y ninguna tiene respuesta, ya que La Zarzuela mantiene una absurda actitud de no tocar nada conflictivo que se refiera a la familia Franco, quienes tanto tienen que agradecer que todo haya quedado como estaba. Igual que los hermanitos Alfonso y Gonzalo Borbón Dampierre, a los que nunca se les exigió que devolvieran todos los muebles, tapices, porcelanas y alfombras del patrimonio nacional, que por orden de Franco se utilizaron para decorar la primera casa que ellos tuvieron en la calle Fortuny de Madrid. Al casarse Alfonso con María del Carmen la siguió habitando Gonzalo y su primera esposa, Mercedes Licer, a quien, con motivo de los funerales por Alfonso XIII, cuando sus restos fueron traídos desde Roma a España, sentaron junto al conde de Barcelona. De todo el mundo es bien sabido el resentimiento que tanto Alfonso como Gonzalo sentían por su tío, al que culpaban de todos sus males, entre ellos que Alfonso no fuera Rey de España.

Independiente del conde de Barcelona, que recibió el Toisón de manos de su padre el rey Alfonso XIII en 1927, de Juan Carlos, a quien se le otorgó don Juan, como jefe de la Casa Real española, en 1941, y del príncipe Felipe, a quien se lo concedió el Rey, su padre, en 1981, también ostentan tan altísima distinción real Balduino de Bélgica, a quien se la concedió el conde de Barcelona en 1961 con motivo de su matrimonio con Fabiola; el rey Constantino, en 1964, cuando era soberano de Grecia; y el duque de Calabria, éste no sé en calidad de qué y por qué mérito.

Juan Carlos, ya rey de España, se lo otorgaría al rey Carlos Gustavo de Suecia en 1983, al rey Olav de Noruega en 1984 y al rey Hussein de Jordania en 1985.

El marqués de Mondéjar, jefe que fue de la Casa de Su Majestad; Torcuato Fernández Miranda, preceptor del Rey cuando era príncipe; y José María Pemán, tres personalidades no pertenecientes a la realeza, recibieron el Toisón, en 1977 los dos primeros y en 1981 el último.

Como Orden de Caballería que era hasta 1985, se concedía tan sólo a varones, pero fue don Juan Carlos quien a partir de ese año, consciente de la igualdad de derechos y no discriminación por sexo, según la Constitución española, decide otorgar el Toisón por vez primera a una mujer en la persona de la reina Beatriz de Holanda en 1985. Posteriormente, a la reina Margarita de Dinamarca y, por último, a la reina Isabel de Inglaterra en 1988, con motivo de su visita oficial a España.

Cada uno de estos toisones volverán un día a España, a la Casa Real española. Como está obligado y como se debían haber devuelto todos los que faltan, en primer lugar el Toisón de Oro ilegalmente concedido a Franco.

El General siempre tuvo la obsesión del Toisón que nunca le dieron. Es más, presumía de que con motivo del vigesimoquinto aniversario del Alzamiento Nacional don Juan se lo ofreció y no lo quiso aceptar porque tal distinción sólo se la podría otorgar el Rey de España, y don Juan «es sólo un pretendiente, pero ni es, ni ha sido, ni espero que, nunca, sea rey».

A propósito de la concesión de la Real Orden que don Juan había hecho al príncipe don Roberto de Borbón-Parma y al príncipe Carlos de Borbón Dos Sicilias, el General le dijo a su primo Franco Salgado-Araujo:

—El jefe de la Casa Borbón y por tanto el que puede tener derecho a conceder el Toisón de Oro es el actual infante don Jaime, hermano mayor de don Juan.

Aunque el primo le explicó que don Jaime había cedido todos los derechos a su hermano y por consiguiente también éste de soberano de la citada Orden, Franco siguió, erre que erre, presumiendo de que también a él le habían ofrecido el Toisón.

Puede que para consolarle, porque para el General debía de ser como una espina clavada en su orgullo, el pariente-secretario quiso arreglarlo con estas palabras, casi infantiles:

—No te preocupes. Cuando venga la monarquía, el rey te lo concederá, si es nombrado por ti.

Creo que Franco, a veces, hablaba por hablar. Y a pesar de lo que le dijo a su primo, que el jefe de la Casa Borbón era don Jaime y no don Juan, lo dijo para fastidiar y humillar al conde de Barcelona. Bien sabía él que no era así. ¡A buena hora iba a reaccionar como lo hizo el día 2 de marzo de 1972!

El autor de este libro fue testigo de la audiencia que el entonces Jefe del Estado, que no era otro que el General Franco, concedió al infante que, dos días después, iba a convertirse en su consuegro y a quien no conocía, pues desde que, acompañando a su madre la reina Victoria Eugenia, abandonó España el 15 de abril de 1931 no había vuelto a pisar tierra española.

Su Excelencia recibió a don Jaime, vistiendo, no el uniforme de capitán general, que sólo se quitaba para dormir, sino un elegante traje azul marino, camisa blanca y corbata entonada. Y, eso sí, sus zapatones de Segarra, que para eso se los regalaban por docenas de pares.

Como es lógico, Alfonso de Borbón Dampierre acompañó a su padre en la audiencia que se celebró en el despacho del Caudillo.

El General y el infante se saludaron como si se conocieran de toda la vida, y aunque don Jaime era sordomudo de nacimiento, se le podía entender. De todas maneras, allí estaba su hijo Alfonso para hacer de intérprete.

Cuando el hijo del rey don Alfonso XIII entró en el despacho del dictador llevaba en su mano un gran estuche de piel de color azul marino, muy plano, del que una vez hubieron tomado asiento los tres, Su Excelencia en el centro, el infante a su izquierda, el hijo a la derecha, hizo entrega al Caudillo, quien sorprendentemente no sólo no abrió el estuche para ver su contenido, sino que evitó que lo abriera el infante, tomándolo inmediatamente en sus manos y pasándoselo, sin el menor comentario, al jefe de su Casa Civil, Fuertes de Villavicencio. Sin duda, Franco conocía la naturaleza del regalo.

Como es de suponer, en el palacio de La Zarzuela también se sabía ya que don Jaime había hecho entrega a Franco del Toisón. Y es fácil imaginar la tensión que dicho regalo produjo en el príncipe Juan Carlos, y en su padre don Juan, por aquel entonces jefe de la familia real, y el único que podía otorgar tan altísima distinción como gran soberano que era de dicha Orden.

Los dos días que precedieron a la boda se vivieron con enorme preocupación tanto en La Zarzuela como en Villa Giralda, en Estoril. ¿Sería capaz el General de colgarse el Toisón de Oro que tan ilegalmente había recibido de quien no tenía potestad para otorgarlo? Y si se lo colgaba el día de la boda, ¿qué hacer? Lo obligado era que el Príncipe no asistiera a la ceremonia. No podía tolerar una bofetada de tal calibre a su padre. No por parte de don Jaime, que era un pobre hombre, sino por parte de Franco. ¡Aunque Juan Carlos había tolerado ya tantas! La primera de ellas al asumir «la legitimidad política surgida del 18 de julio de 1936», con cuyas palabras aceptó plenamente la instauración, el surgimiento de una nueva dinastía. Juan Carlos, aquel triste día 22 de julio de 1969, cuando juró «lealtad al Generalísimo y fidelidad a los Principios del Movimiento Nacional y demás Leyes Fundamentales del Reino», no hizo ninguna mención, no ya a su padre, como figuraba en el discurso original y que le fue tachado por la censura, ni siquiera a la legitimidad histórica.

Esta «traición», esta «deslealtad» a su padre como lo calificaba *The Times* en un editorial, quizá era necesaria, aunque no justa. El Príncipe, en unas declaraciones a la revista francesa *Point de Vue,* en septiembre de 1968, había dicho que «jamás, jamás aceptaré reinar mientras viva mi padre, él es el Rey». Pero tanto Juan Carlos como el propio conde de Barcelona sabían que era el único camino para restaurar la institución monárquica, aunque Franco creyera que la instauraba.

De todas formas, como comentó Areilza en un editorial de *ABC,* «aquí se acabó lo que se daba».

El General, que en el fondo era monárquico, aunque un monárquico muy especial, tenía, como es sabido, un gran sentido del ridículo. Y eso y otros sentimientos tuvieron que pesar mucho en él. Sabía que tan sólo el jefe de la Casa Real, que era el conde de Barcelona, tenía atribuciones para otorgarle el preciado Toisón. Y por muchas ganas que tuviera, que las tuvo, de lucirlo en tan señalado día, debió pensar que era mejor tener la fiesta en paz. Su primera nieta se casaba y además con un príncipe de la Casa Real española, aunque no era tal príncipe. Pero ya se encargaría él...

Esta valiosísima joya de oro, platino, brillantes, rubíes y zafiro debía haber sido devuelta a la Casa Real por los herederos del General, pero a lo peor puede haber corrido la misma suerte que las numerosas condecoraciones y medallas que recibió a lo largo de su dilatado mandato. Algunas de estas piezas fueron incautadas por orden de Francisco Fernández Ordóñez, ministro entonces de Hacienda, en la aduana del aeropuerto de Madrid-Barajas, cuando la duquesa de Franco intentaba sacarlas de España para llevarlas a Suiza con el fin, según explicó, «de hacer un reloj de pared». Como el de la abuelita. Pero esa es otra historia que ya contaremos en el capítulo dedicado a Carmen Franco.

Capítulo XIII

«¡GENERAL, YA TIENE TRES BORBONES DONDE ELEGIR!»

De que el General apreciaba al príncipe Juan Carlos no existe la menor duda. A lo mejor, hasta le quería, como al hijo que no tuvo. El marqués era mucho marqués y además otra cosa.

Numerosas fueron las ocasiones, desde 1963, en que Su Excelencia lo manifestó de una manera pública en discursos y conversaciones con sus colaboradores más íntimos.

—El príncipe Juan Carlos es persona que discurre por cuenta propia y es más culta de lo que muchos creen, pues la gente no está bien informada [2 de marzo de 1963].

—La princesa es sumamente inteligente y muy culta. Tanto ella como el príncipe residen en España por deseo mío y su conducta es irreprochable en todo [25 de mayo de 1963].

—Poco a poco todo el país sentirá afecto hacia los príncipes don Juan Carlos y doña Sofía, cuyas conductas son irreprochable modelo en todo. Por absoluta iniciativa, sin que yo me meta en absoluto [5 de diciembre de 1966].

—La conducta del Príncipe es sumamente correcta y nada tengo que reprocharle. Sigue siendo mi candidato [21 de julio de 1966].

No hay duda que lo era. A lo mejor desde el primer

día. Pero durante mucho tiempo le gustó al General mantener la duda sucesoria, los equívocos, los recelos y la confusión con otros pretendientes, algunos de ellos subvencionados por el propio Estado. Posiblemente con el deseo de frenar las ilusiones y actitudes de don Juan y del Príncipe. Esta manera de comportarse obligó al conde de Barcelona a advertir al Generalísimo, en el transcurso de la tercera entrevista que mantuvieron a propósito de la educación de Juan Carlos (11 de marzo de 1960):

—La presencia del Príncipe es incompatible con la continuación de la táctica de confusión y engaño que Su Excelencia practica.

Franco le respondió:

—Tenga entendido Vuestra Alteza que las Cortes tienen que votar a un príncipe de sangre real que esté capacitado para gobernar, que haya cumplido los treinta años de edad y sea católico. El que ahora se prepare al infante no quiere decir que vaya a ser forzosamente el nuevo rey.

Quizá esta actitud del General de mantener la duda sucesoria se debía a un deseo de reforzar ante los españoles el recuerdo de que su Jefatura del Estado era vitalicia. Y que si dejaba claro el nombre de su sucesor «se produciría una carrera loca para situarse bien ante la persona designada en su detrimento», como le advirtió su ministro Arrese, que lo era del Movimiento.

«Hay varios príncipes de las dinastías españolas que deben estar preparados con la idoneidad que la Ley de Sucesión establece», dijo en una ocasión. Y aunque Juan Carlos seguía en La Zarzuela, bajo su protección, en todos los aspectos «parece que Franco comenzó a pensar con más fuerza en el príncipe con mejor derecho ante el temor de que Juan Carlos pudiera salir liberal como su padre» *.

—Quedan otros príncipes, como el infante don Alfonso de Borbón Dampierre, que es culto, patriota y que podría

* J. M. Toquero, *Franco y Don Juan. La oposición monárquica al franquismo,* Plaza y Janés, Barcelona, 1989.

ser una solución si no se arregla lo de Juan Carlos —dijo Franco el 4 de febrero de 1963.

Y lo dijo incorrectamente, ya que Alfonso no era príncipe, sólo alteza, y mucho menos infante, que sólo lo son los hijos de reyes. Don Jaime, su padre, no era tan siquiera el pretendiente, por mucho que a Franco le interesara creerlo. Sólo un infante, como reconoce cuando el 20 de abril de 1964 vuelve sobre el tema diciendo:

—Hay otro príncipe, nieto mayor de Alfonso XIII, hijo del infante don Jaime, que es afecto al Movimiento y a él le hubiera correspondido la Corona de España si su padre no hubiese abdicado y hecho renuncia de sus derechos al contraer matrimonio.

Resulta ridículo y además inútil, históricamente hablando, especular con lo que hubiera ocurrido si no se hubieran hecho las cosas como se hicieron, ya que la Historia no da nunca marcha atrás. Lo que sucedió, escrito estaba que así sucediera. Aunque las putadas del General al príncipe Juan Carlos, a lo largo de muchos años, fueran habituales y en algunos casos terriblemente humillantes.

Como cuando *Arriba,* órgano oficial del Movimiento y del Estado, publicó por orden superior gráficos genealógicos sobre Alfonso de Borbón Dampierre, que se convirtió de la noche a la mañana, y porque el Caudillo así lo quiso, en el candidato de la Falange, el candidato de los sindicatos, el candidato del *Pueblo* de Emilio Romero y el candidato de la juventud deportiva de Juan Antonio Samaranch, acérrimo franquista y alfonsista en aquellos años.

—Muchos creen que prefiero a los de la rama de don Alfonso XIII por ser más liberal y desear un rey de ese carácter —dijo Franco el 22 de junio de 1964.

—En esto están equivocados. En España no existe otra legalidad que la que proviene de las Leyes Fundamentales.

Y para enredar aún más y que la confusión fuera mayor, el General permitió que un tercero en discordia, nunca mejor dicho, y de otra rama dinástica, entrara en escena como acicate y amenaza a los otros dos que ya existían. Su nombre, Carlos Hugo de Borbón Parma.

—Me hicieron gracia los comentarios del *ABC* de ayer domingo [10 de febrero de 1964] en que se niega al príncipe su nombre de Carlos diciendo: «El joven Hugo, pues éste es su nombre y no el de Carlos.» Hace esta afirmación, y el *ABC* ya no vuelve a mencionar a «Carlos Hugo», como siempre se venía haciendo en la prensa española. Da la consigna, y don Hugo por aquí y don Hugo por allí —comenta Franco a su primo y secretario.

Es el *ABC* de Luis María Ansón el que tenía toda la razón y no el General. Lo digo con conocimiento de causa, ya que participé muy activamente en este tema. Yo «descubrí» la presencia de Hugo en una mina de Asturias en julio de 1962 trabajando como minero bajo el seudónimo de Javier Ipiña; su presencia en los encierros de San Fermín en julio de 1963; su noviazgo con Irene de Holanda y la conversión de la princesa al catolicismo, con su primera comunión en el templo de los Jerónimos de Madrid en enero de 1964, en el mismo templo donde se casó el rey Alfonso XIII; su boda en la española basílica de Santa María de Roma en abril de 1964.

Precisamente cuando va a celebrarse la ceremonia, el equipo de conspiradores que le asesoraba, me hace entrega, para su publicación, de una fotocopia de la partida de bautismo en la que hay una anotación marginal que hacía constar el nombre de Carlos, anotación que resultó ser una burda falsificación, como señaló el *ABC*.

Cuando a Franco, a quien era inútil hacerle cambiar de opinión, se le hizo ver la falsedad, respondió:

—Esto no destruye la realidad final de que don Carlos Hugo es heredero de Felipe V y, por tanto, un Borbón.

Lo cual no dejaba de ser cierto, que además era lo que el General necesitaba. Otro Borbón más para incordiar.

—Que digan que el rey debe ser don Carlos Hugo no tiene importancia. Eso es inevitable, pues no es político impedir que cada cual diga lo que crea conveniente en relación al futuro de la nación [26 de mayo de 1966].

Todo este juego en el que participaban dos conspiradores natos como eran Alfonso de Borbón Dampierre y el príncipe Hugo, los dos contra Juan Carlos, duró mientras el General quiso. Hasta febrero de 1968, en que la reina Victoria Eugenia, que regresaba a España (por vez primera desde que la abandonó al proclamarse la República el 14 de abril de 1931) para amadrinar a su biznieto Felipe, le dijo al General una frase que fue definitiva y que dio lugar a que Franco comentara:

—La reina defiende constantemente la institución, pero sin hacer hincapié en determinadas personas de los herederos de su marido.

Esta explicación se debió a que nada más llegar la reina al palacio de La Zarzuela, donde Franco la estaba esperando, ya que no quiso ir al aeropuerto a recibirla (sobre los ministros que fueron comentó: «No sé qué podían hacer allí»), doña Victoria Eugenia, la última reina de España, que al saludar a su hijo don Juan le hizo la reverencia protocolaria como pública demostración de que era el jefe de la Casa Real española, le dijo sin rodeos al dictador:

—General, ya tiene tres Borbones donde elegir: el padre, el hijo y el nieto.

Franco hizo como si no oyera, limitándose a exclamar con fingido entusiasmo:

—¡Majestad, qué bien os encuentro!

A lo que la reina Victoria Eugenia contestó con la intención que ponía en todas sus respuestas:

—Desengáñese, General, ni usted ni yo estamos ya para nada.

Un año después, el 1 de marzo de 1969, el dictador expulsa al príncipe Hugo, «al que en repetidas veces se le ha llamado la atención sobre su actuación política en España sin que hiciera caso», decía el documento de expulsión. Aunque muchos políticos del régimen manifestaran que «se hizo con demasiada urgencia, como si se quisiera evitar un gran peligro», peligro que el General había permitido con aquel juego a tres bandas, en el que el príncipe de Borbón Parma iba resultando ganador por su formación y por su simpatía, que le hizo muy popular. Por todo ello y al advertir que el tema se podría volver en contra de su política sucesoria, tomó esta drástica medida de expulsarle de España. Para justificarlo, dijo:

—No puedo admitir que se desacaten órdenes del Gobierno y que pretendan (¿?) que un príncipe extraño a nuestra patria sea un candidato al trono de España.

A lo mejor por su edad se olvidó de que quien permitió a don Hugo ser pretendiente fue precisamente él y sólo él.

Tres meses después de haber expulsado a uno de los pretendientes y haber anulado al otro nombrándole embajador en Suecia, designa el 23 de julio de 1969 su heredero, a título de rey, al príncipe Juan Carlos, su tercer hombre.

«Nada ni nadie podrá apartarme del rumbo que me he trazado», diría don Juan Carlos el 12 de julio de 1974 cuando ocupa la Jefatura del Estado en funciones.

Y vive Dios que para mantener ese rumbo, que le llevó a ser designado rey, pasó por todas, aguantó todo.

Capítulo XIV

CATOLICO, APOSTOLICO Y ROMANO

Cuando Juan Carlos y Sofía se casaron, ella era una deliciosa princesa, hija de reyes reinantes. El, un apuesto príncipe, hijo de un hombre que por culpa de un viejo general llamado Franco, vivía la tragedia de ser hijo y nieto de reyes, pero nunca rey.

El porvenir del novio era tan incierto como el de su padre. Todo dependía de los deseos de ese viejo General, que no parecía tener demasiado respeto por la legitimidad histórica.

Aquel príncipe, rubio muchacho él, decidió casarse un día sin esperar a que el General terminara de deshojar la margarita y se decidiera por uno de los tres concursantes, como heredero. Parecía estar diciendo siempre y de una forma paternalista: «Si eres bueno, te daré..., te daré..., ¡te daré un reino!»

El reino no llegó ni como regalo de bodas, muy al contrario. Porque si el día que hizo público su compromiso matrimonial, 12 de septiembre de 1961, el General ordenó que la prensa informara más sobre la familia real griega y diera más realce tipográfico a la visita del príncipe «Carlos» Hugo al alcázar de Toledo y al cardenal primado, el día de la boda, 14 de mayo de 1962, los medios informativos de entonces recibieron del Ministerio la «sugerencia» de no prestar excesiva atención al acontecimiento y la prohibición de hacerlo sobre la ceremonia ortodoxa.

—Una boda mixta, de rito católico y ortodoxo, no es admisible ni lo toleraría el pueblo español —le comentó Franco al embajador de España en Atenas, Luca de Tena.

Como estaba obligado a hacer, aunque fuese por cortesía, el príncipe Juan Carlos invitó al General a su boda, aun sabiendo que no iba a asistir, porque Franco jamás salió más allá de Portugal del dictador Oliveira Salazar. Y una sola vez.

Existía el precedente de la boda de Fabiola con Balduino, en la que el problema más espinoso que se planteó entonces era español. Este problema se llamó Franco. No hay que olvidar que Bélgica tuvo reacciones muy vivas durante la guerra civil española del 36. Fue el país que, teniendo en cuenta su población, envió más cantidad de voluntarios a las famosas Brigadas Internacionales. Por ello, no se puede interpretar como una casualidad que unas semanas antes de la boda, cuando Fabiola y Balduino visitaban Lieja, sede del antifranquismo, un paquete conteniendo banderas republicanas españolas de papel cayera ante los prometidos reales. Y tampoco es de extrañar que cuando un vidrio se rompió debido a la presión de la multitud, el ruido hiciera palidecer, visiblemente, al rey.

Ciertamente la presencia de Franco en la boda hubiera suscitado no sólo una campaña en la prensa belga de izquierdas, sino también una serie de manifestaciones e incidentes inoportunos en un día tan feliz. Con toda seguridad, los belgas ignoraban que el General tenía por norma no asistir a acto alguno que se celebrara fuera del país. Pero en esta ocasión la boda de la españolísima, catoliquísima y franquista Fabiola de Mora y Aragón, cuyo compromiso matrimonial con el rey de los belgas supo instrumentalizar el régimen como si de un reconocimiento tácito de la dictadura por parte de Bélgica se tratara, Franco se lo estuvo pensando. Incluso se preparó un avión para llevar hasta Bruselas a Sus Excelencias el Generalísimo Franco y su esposa, la Generalísima.

El terror invadió a la corte y al gobierno belga, hasta que con alivio se supo que el General, muy al estilo de los dictadores, sería representado por sus hijos, los marqueses de Villaverde.

Con respecto a la boda del príncipe Juan Carlos, si hubiera tenido intención de ir, la utilización política del acontecimiento con campañas propagandistas de la monarquía en torno a don Juan, hubieran impedido su presencia en Atenas.

En esta ocasión no se atrevió a delegar en sus hijos. Quizá para evitarles las humillaciones de que hubieran sido objeto por parte de la aristocracia española, de la que Franco no tenía un buen concepto, ni la nobleza la menor simpatía por los marqueses de Villaverde, a los que consideraba unos advenedizos.

Así que decidió ser representado por su ministro de Marina, almirante Abarzuza, que se dirigió a la capital griega a bordo del acorazado *Canarias.* A algunos ministros del Gobierno les pareció excesivo que fuera el *Canarias,* emblemático navío no sólo de la Armada, sino también de la guerra civil española.

—No lo hago por el príncipe, sino en deferencia a la princesa, que es hija de los reyes de Grecia, y lo enviaría igual si se hubiese casado con otra persona —se justificó Franco.

Por cierto, Abarzuza llevó para la esposa del conde de Barcelona una jofaina y una magnífica jarra de plata con la inscripción «A S.M. la Reina María de las Mercedes, el Ministro de Marina». Y para don Juan, unos gemelos hechos en Aranjuez con la inscripción «A S.A.R. el Infante Don Juan».

—¡Oye, Felipe [Abarzuza]... que yo no soy el duque de Edimburgo. Tal parece que la reina de España es mi mujer y yo el consorte!

Pero el navío sería escenario de una afrenta al conde de Barcelona que, cuando lo visitó para asistir a una fiesta dada en honor de los novios, fue recibido no con los acordes de la Marcha Real, el himno nacional, sino a los sones de un pasodoble torero. ¡Que entonces se gastaba muy mala leche! Peor es lo de *Els segadors,* pensarán algunos lectores recordando lo de los Juegos Olímpicos y el rey de España. Al menos a don Juan le tocaron una música muy española, lo que no deja de ser verdad hoy. En aquella ocasión lo hicieron para fastidiarle, para humillarle, circunstancia que no se dio en el estadio Olímpico, ya que lo que allí se interpretó a la llegada del rey Juan Carlos fue el himno de Cataluña.

La boda del príncipe Juan Carlos con la princesa Sofía le planteó al General dos problemas, a cual más serio: el religioso, con esa segunda ceremonia ortodoxa, y el político, con la presencia del conde de Barcelona.

La solución del primero la tuvo muy clara: ni una línea. Ni una foto. Aquí no hay más boda que la de Dios, que es de rito católico, apostólico y romano en la catedral católica, *of course,* de San Dionisio en Atenas.

Sobre este tipo de prohibiciones el General ya sabía mucho. Cuatro meses antes, el 2 de enero de 1962, tuvo que censurar otra boda real, la de Simeón de Bulgaria con la española Margarita Gómez Acebo. Sencillamente porque, como la de Juan Carlos y Sofía, se llevó a cabo por el doble rito católico-ortodoxo, autorizado por el Papa Juan XXIII. Pero Franco era más papista que el Papa.

Aquella boda de Simeón, en la que fui uno de los pocos invitados y periodistas que se atrevieron a desafiar las iras de El Pardo, fue tan dolorosamente humillante, que el propio Manuel Fraga, en su día rey de la censura, la comenta así en su *Memoria breve de una vida pública,* al coincidir, un año después de dicho escándalo, con los reyes Simeón y Margarita en una cena en casa de la duquesa de Ducal (27 de febrero de 1963):

—No pude menos que recordar (para mis adentros) lo que había sido en la época de plena censura la publicación de la noticia de su boda, según el rito ortodoxo; para Arias Salgado y Muñoz Alonso fue un tema de máximas dificultades.

Aquí, el cinismo de Fraga es grande, ya que, afortunadamente para él, no es nombrado ministro de Información hasta el 12 de julio de 1962, con lo que se libra de las medidas censoras que el titular de esa cartera tuvo que tomar en la boda de Simeón (2 de enero de 1962), así como en la del príncipe Juan Carlos (14 de mayo de 1962), y que figurarían hoy en su *curriculum.* Porque tomarlas, hubiera tenido, ya que era Franco el que daba las órdenes.

Tanto en una boda como en la otra se demostró la intransigencia religiosa del General que había imbuido al pueblo que España era «la reserva espiritual de Europa». Eran los años de los «cursillos de cristiandad», los «primeros viernes de mes», las «adoraciones nocturnas», el «rosario en familia», la «Virgen de Fátima», las «congregaciones marianas», la «Acción Católica» y las «Hijas de María», pero, sobre todo, ser uniformemente católicos, apostólicos y romanos. Desde los púlpitos y desde la prensa se atacaba a los rusos, no por ser comunistas, sino por ser ateos; a los protestantes y ortodoxos, por no ser católicos; a los chinos por ser herejes y a los ingleses por ser masones.

Por todo ello, cuando el 10 de agosto de 1961 se hizo el siguiente comunicado: «Su Majestad la Reina Madre de Bulgaria se complace en manifestar el compromiso de su hijo Simeón, rey de los búlgaros, con la señorita Margarita Gómez Acebo y Cejuela», difícil resulta hoy entender la conmoción de la alta sociedad por el matrimonio con un hombre que no formaba parte de «la reserva espiritual de Occidente». No era católico, sino... ortodoxo.

Y a pesar de estar aprobada la doble ceremonia por el Papa Juan XXIII (la católica fue oficiada por el doctor Eijo Garay en el palacio arzobispal de Madrid y la ortodoxa en la capilla ortodoxa de Vevey, en Suiza), ni a una ni a otra asistió nadie. Tan sólo los familiares más directos de los novios. El General prohibió la difusión de la boda y autorizó, tan sólo, la fotografía de la novia, que parecía haberse casado por poderes.

Más suerte tuvo el príncipe Juan Carlos, ya que la ceremonia de su boda, la católica por supuesto, fue autorizada. «La otra» ni existió para los españoles. Como Franco quería. En la primera, «la única», la de la catedral católica de San Dionisio, también metió el cazo el General, que ordenó al censor mayor del «reino», el nefasto señor Arias Salgado —«¡de la que te libraste, Manolo!»—, quitar de en medio al conde de Barcelona. Era difícil, puesto que allí estaba no sólo como padre del novio, sino como padrino. ¡A ver cómo me lo quita usted de la foto! Y más aún: había que suprimirlo de la película de televisión, cuando ocupaba junto a su esposa, la condesa de Barcelona, un lugar tan preferente como es el del altar, al lado del Evangelio, que se dice en el argot eclesiástico. Los reyes de Grecia, padres de la novia, ocupaban el de la Epístola, que está en frente, a la derecha. Esto era antes de que los curas dejaran de decir la misa «de culo», que diría Cela. Ahora ya no se sabe.

Para el General no había imposibles. La televisión quitó de en medio al conde de Barcelona en menos que se santigua un cura loco, a base de filtros. Cuando la boda se vio por la tele, más parecía que la ceremonia religiosa se había celebrado en un frondoso jardín. Los filtros, en forma de follaje, no dejaban ver la voluminosa y humana figura de don Juan.

Con la prensa fue más fácil. Bastó prohibir la publicación de todas aquellas fotografías en las que aparecía el jefe de la Casa Real española. Aunque estuviera acompañado del ministro de Marina Abarzuza, su representante en la boda, o de la reina Federica, madre de la novia.

Se trataba de que los españoles no viéramos a don Juan, que para Franco no existió. Y en las fotos en que no hubo manera de eliminarle, la censura tachó su nombre.

De la reina Victoria Eugenia no se publicó una sola fotografía. Ahora, eso sí, de Onassis, de Niarchos, de Rainiero y Grace de Mónaco, todas las que se quisieron. Para ellos no había ni cupo ni censura. Pertenecían al idílico mundo de las revistas del corazón. Eran la «espuma» de la boda.

Del viaje de novios de los príncipes, Franco prohibió también que se publicara nada, aunque el nuevo matrimonio, por aquello de bailarle el agua al viejo General y hacerle lo que vulgarmente se dice la pelota, antes de iniciarlo y después de visitar al Papa Juan XXIII, que había autorizado, como en el caso de Simeón, la doble ceremonia, realizaron un viaje relámpago a Madrid para cumplimentarle. Como a ese abuelito que no ha podido asistir a la boda del nieto y éste viene y le presenta a la novia.

—Han venido a verme porque la reina Victoria se lo ha aconsejado —dijo Su Excelencia sin querer atribuir a los príncipes la iniciativa de la visita.

El General les invitó a comer en El Pardo, pero antes, aquella mañana, Su Excelencia, que era muy retorcido, recibió en audiencia especial a José María Valiente, presidente de la Comunión Tradicionalista, que apoyaba y patrocinaba al príncipe «Carlos» Hugo y que Franco pensó en hacer incluso ministro de Justicia. Este iba acompañado por Zamanillo, otro colaborador del príncipe carlista y autor del diseño de la campaña para el asalto al poder. Con esta audiencia, el Caudillo quiso demostrar, precisamente ese día, que Juan Carlos era uno más de los tres príncipes concursantes.

—Hoy sólo ha faltado aquí Alfonso de Borbón —dijo alguien con mucha sorna...

Una prueba más de la fría crueldad con la que el General se comportaba a veces con Juan Carlos, la dio el 28 de enero de 1963, con motivo del primer acto público y oficial al que asistía el principesco matrimonio después de regresar de su viaje de luna de miel: el funeral en El Escorial por todos los reyes de España, coincidiendo con el aniversario del último, Alfonso XIII, funeral que fue presidido por Su Excelencia el Jefe del Estado y todo su Gobierno.

Aquel día la princesa Sofía, a lo peor se preguntó con quién se había casado, ya que no era eso lo que le habían dicho y ella se había creído. Porque al ver en la televisión el reportaje del funeral que, por haber asistido Franco, gozó de una gran cobertura informativa, observó, con estupor, que ni aparecían imágenes de ellos en ningún momento del reportaje ni se les nombraba tan siquiera de pasada.

Fraga no se había enterado de nada. A pesar de ser ya entonces ministro de Información y responsable único de la televisión y, sobre todo, de la censura.

—Me lo vino a contar el general Castañón, segundo

jefe de la Casa Militar de Franco, que me habló del profundo disgusto del príncipe.

¡Y tan profundo!, pues se sintió humillado ante su propia esposa, quien no entendía que siendo un funeral en memoria del abuelo de su marido se le obviara de aquella forma tan despreciativa. Pensaría: ¿Y éste va a ser el rey de España?

—Tuve que armar una muy gorda —recuerda Manuel Fraga.

Esta terrible anécdota demuestra que Franco imponía la censura y vetaba al príncipe o a quien le diera la gana sin consultar ni ordenarlo al ministro responsable, que era Fraga, quien lo hubiera hecho de mal o buen grado, pero lo hubiera hecho. El General debía tener unos siniestros colaboradores muy íntimos (como el que me vendió las fotos de su agonía y muerte) que utilizaba para estos sucios menesteres, y cuyo poder debía de ser tan grande como para manipular la televisión directamente, una televisión que, por mucho que diga hoy don Manuel Fraga, sólo estaba al servicio del dictador, que lo fue hasta su muerte.

El príncipe Juan Carlos con la princesa María Gabriela de Saboya, con quien se le atribuyó un noviazgo. Abajo, Juan Carlos y Sofía el día del anuncio oficial de su compromiso de boda en Lausanne. De izquierda a derecha, las reinas Federica y Victoria Eugenia, los novios y don Juan. Detrás, el rey Pablo de Grecia y la princesa Irene.

Días antes de la boda con la princesa Sofía, con quien aparece en la foto, el príncipe Juan Carlos sufrió una luxación en el hombro izquierdo que a punto estuvo de retrasar la ceremonia.

La compañía Trasmediterránea fletó un transatlántico en el que viajaron hasta Atenas centenares de monárquicos españoles para rendir homenaje a don Juan y asistir a la boda del príncipe Juan Carlos, que en la foto aparece junto a sus padres, los condes de Barcelona, después de visitar el buque. Abajo, un momento de la ceremonia ortodoxa de la boda, que tanto disgustó al General. El rey Pablo y el príncipe Constantino sostienen las coronas sobre la cabeza de los novios.

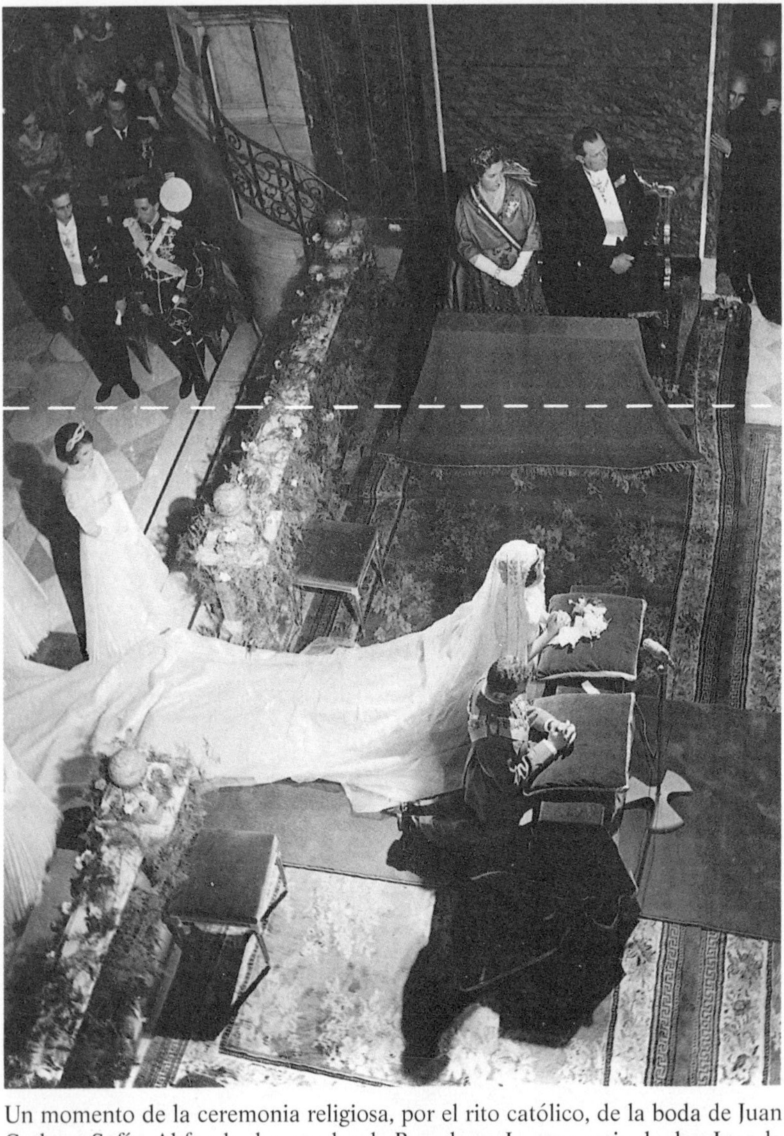

Un momento de la ceremonia religiosa, por el rito católico, de la boda de Juan Carlos y Sofía. Al fondo, los condes de Barcelona. La presencia de don Juan la intentó camuflar la censura franquista «por la línea de puntos».

El General y la Generalísima con los príncipes Juan Carlos y Sofía en una de las tradicionales recepciones del 18 de julio en La Granja.
Abajo, doña Carmen con su nieta María del Carmen y el marido de ésta, Alfonso de Borbón, a quienes acudía a recibir y despedir en el aeropuerto de Barajas.

Fabiola luciendo la famosa diadema-corona falsa que doña Carmen eligió como regalo de boda del pueblo español.

Una compañía del regimiento del Generalísimo rinde honores militares a doña Carmen cuando abandona definitivamente El Pardo, dos meses después de la muerte del General. Y, como vemos en la foto de abajo, lo abandonó llorando.

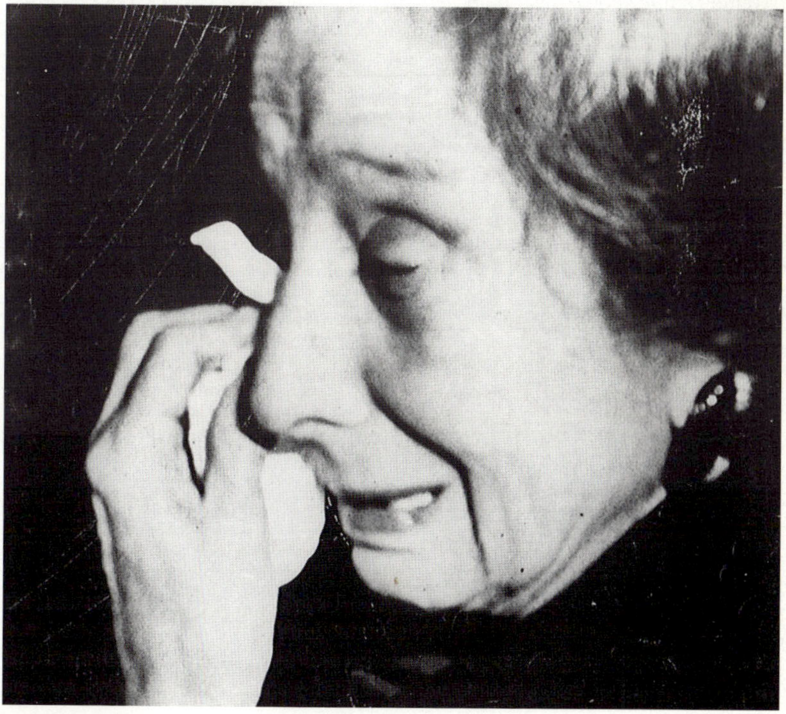

Doña Carmen a su llegada a Hermanos Bécquer 6, que sería su nueva residencia después de haber vivido treinta y seis años en el palacio de El Pardo, palacio que cambió por el piso bajo del edificio hasta que, meses después, se trasladó a la cuarta planta.

Capítulo XV

CARMEN POLO Y MARTINEZ-VALDES, LA GENERALISIMA

Nace un 11 de junio de 1902 en Oviedo, bajo el signo de Géminis. Sus estudios son los que corresponden a una joven de la alta burguesía asturiana. Primero en el colegio de las monjas ursulinas, y en el de las monjas de la Visitación de las Salesas después. Algo de piano y un poco de francés.

En 1917, cuando Carmina, huérfana de madre, sólo contaba quince años, conoce a un comandante del Regimiento de Infantería del Príncipe número 3, de guarnición en Oviedo, llamado Franco. Y se enamora de aquel oficial que ya tenía fama de héroe.

—Cuando el tío Paco enseñó la fotografía de su novia a la familia, a todos les pareció muy bien aquella chica de cara fina con aire de mujer francesa distinguida y elegante. La oposición a este noviazgo vendría de los Polo, que no consideraban a mi tío, «el comandantín», un buen partido —recuerda Pilar Jaraiz Franco en su libro *Historias de una disidencia.*

La madre de Franco se limitó a decir: «Dios dirá.»

El noviazgo se prolonga a lo largo de seis años, durante los cuales la pareja apenas se ve, ya que «el comandantín» permanecía de «safari» en el norte de Africa matando moros.

En el año 1922 se fija la fecha de la boda, que tiene que ser aplazada por imperativos bélicos del novio: la campaña de Melilla y la ocupación del fuerte de Tizzi-Azza, por cuya gesta le concedieron la Cruz de Segunda Clase del Mérito Militar.

La segunda convocatoria de la boda se fija para el día 8 de junio de 1923. Y nuevo aplazamiento. El novio es ascendido a teniente coronel y se le concede el mando del Tercio, más tarde llamado Legión.

A la tercera convocatoria fue la vencida. Y el 16 de octubre de 1923 la señorita Carmen Polo y Martínez-Valdés hace su entrada en el templo parroquial de San Juan el Real de Oviedo bajo palio —ese palio que la cubriría a lo largo de toda su vida—, luciendo un bonito traje de novia blanco con velo y corona de azahar, pues se presumía que la muchacha era virgen, obligado en aquella época. Como única joya, luce una valiosa cruz de brillantes. Sería la única vez que sólo llevaría una joya.

Por ser el novio gentilhombre del rey, Su Majestad don Alfonso XIII apadrina la boda, haciéndose representar por el general Losada, gobernador militar de Oviedo. De madrina actúa doña María del Pilar Martínez-Valdés, tía de la novia, quien desde la muerte de su hermana se había encargado de los cuatro huérfanos: Carmen, Isabel, Zita y el único varón, llamado Felipe.

La boda salió en el *Blanco y Negro,* como correspondía a una señorita de la alta burguesía de provincias suscrita al *ABC.*

La luna de miel dura un mes escaso, ya que el 10 de noviembre el novio entra en acción con sus legionarios en Coba Darsa, salvando a sus defensores.

Vivir, lo que se dice compartir techo y lecho de manera continuada con su marido, no ocurriría hasta el 28 de abril de 1926, casi tres años más tarde de la boda, cuando Franco, ya general, es nombrado para el mando de la primera brigada de Infantería, de guarnición en Madrid.

Estas separaciones no han impedido el embarazo de la joven esposa, que, con tres años de matrimonio y veinticuatro de edad, da a luz en Oviedo, donde sigue viviendo, su primer y único hijo, una niña, que viene al mundo el 14 de febrero de 1926. Será bautizada con el nombre de Carmen, la segunda de esa oligarquía femenina de las tres Cármenes que intentaron alterar la voluntad del General, marido, padre y abuelo, y con ello el curso de la Historia.

Carmen Polo de Franco, la primera de la dinastía, «reinó» en España con el sobrenombre de Generalísima hasta que el día 31 de enero de 1976, dos meses después de morir el General, abandona el palacio de El Pardo. Y lo abandona llorando, para refugiarse en un piso bajo de la madrileña calle de Hermanos Bécquer, número 8, donde vive su hija, la segunda Carmen, que ocupa con su familia, o lo que de ella queda, la cuarta planta.

En la otra esquina, en el número 6, la Generalísima en el exilio ve la casa en la que vivió, hasta que ETA «le voló», el fiel colaborador del General, el almirante Carrero Blanco. Y también un príncipe, «Carlos» Hugo, que fue utilizado para probar la paciencia y fidelidad de Juan Carlos cuando la pelota de la sucesión aún la tenía su marido en el tejado.

La Señora, como gustaba ser llamada, aunque le hubiera gustado más lo de Majestad, recibió del rey, muy señor mío, el señorío de Meirás, lo que no le impidió morir en el mayor de los olvidos un 6 de febrero de 1988, casi trece años después que su esposo el Generalísimo.

Hasta las seis en punto de la tarde de aquel frío 31 de enero de 1976, setenta y un días después de que el General fuera sacado muerto para ser llevado al Palacio Real y expuesto su cadáver a la curiosidad pública (en las largas colas había no sólo partidarios que deseaban rendirle su último homenaje, sino también enemigos que querían cerciorarse de que Franco estaba, por fin, muerto) el guión del Caudillo siguió ondeando en el torreón sobre la puerta de entrada del palacio de El Pardo. Desde el día 20 de noviembre de 1975 hasta el 31 de enero de 1976, allí sólo siguió viviendo el espíritu del General, y su viuda, por muy poderosa Generalísima que hubiera sido —y lo fue—, no tenía derecho a guión alguno.

En cualquier otro país democráticamente civilizado, a la señora se le hubiese dado un plazo de tres o cuatro días para abandonar una residencia oficial propiedad del Estado. Pero tanto el Rey, nuevo Jefe del Estado, como Carlos Arias Navarro, el protegido de doña Carmen, que fue quien le hizo presidente de Gobierno vetando a otro candidato, Torcuato Fernández Miranda —por su fidelidad a don Juan Carlos—, permitieron aquel abuso de la Señora; el soberano, por no ponerse en contra, que bien que los tenía, a los franquistas, y «Carnicerito de Málaga», como denominaban a Arias por sus métodos represivos después de la guerra en la capital andaluza, en agradecimiento hacia la viuda de su Generalísimo.

—¡Que se quede todo el tiempo que necesite! —dijo con exquisito tacto el Rey, que acababa de otorgarle a doña Carmen el señorío de Meirás. De «Me-irás y no volverás», que decía con sorna el pueblo.

—¡Que se vaya cuando quiera, que esa es su casa! —exclamó el presidente Arias, que no había dejado de llorar desde el día que compareció ante los españoles por televisión para leer el testamento de su jefe.

Tanto Juan Carlos como Arias Navarro no sólo le permitieron quedarse, sino que dispusieron que El Pardo siguiera funcionando como si el General rigiera aún desde allí los destinos de la patria: el guión del Caudillo se izaba y se arriaba todos los días. Una compañía del Regimiento de la Guardia del Generalísimo seguía rindiendo honores a la Señora. Y los jefes de las Casas Civil y Militar de Su Excelencia y los ayudantes de servicio, en sus puestos.

Pero mientras «la lucecita de El Pardo» se mantenía encendida, la Generalísima, doña Carmen, ayudada por las otras dos Cármenes, dedicaba su tiempo a embalar todo lo que quiso, pudo y le dio tiempo. Sin control de los responsables del Patrimonio Nacional, cuyo consejero-delegado y gerente desde 1957 era el general Fuertes de Villavicencio, que además ostentaba los cargos de intendente y jefe de la Casa Civil, amén de fiel consentidor y cortesano de la Señora en la utilización desmedida, siempre para fines particulares, de todo el patrimonio nacional.

—Hay que tener cuidado, Fuertes es del Atlético —le dijo Franco en cierta ocasión al doctor Pozuelo.

Bueno hubiera sido conocer los «sentimientos» de Franco hacia su perro más fiel, porque el General siempre se alegraba de que ganara el Real Madrid, sobre todo por lo que sufría Fuertes de Villavicencio. ¡Franco era especialmente retorcido!

Fuertes de Villavicencio mandaba tanto en El Pardo que incluso intentó retirar el coche oficial que Su Excelencia había ordenado se asignara a su médico de cabecera para que le recogiera y llevara todos los días desde su casa a El Pardo y viceversa.

—¿Quién ha dado la orden? —preguntó el doctor Pozuelo el día que le dijeron que no tenía coche.

—El general Fuertes —le respondió un tanto compungido el conductor.

Cuando se le requirió el motivo, Fuertes de Villavicencio respondió:

—Aquí debemos llevar un control de la gasolina que se gasta.

Algo así como el chocolate del loro, «que sólo sirve para matar al loro», como dice Antonio Gala. Es lo que hubiera querido hacer con Juan Carlos y Sofía a los que, como intendente y responsable del Patrimonio, contabilizaba hasta las coca-colas que se bebían en La Zarzuela y las llamadas telefónicas de la Princesa a Grecia cuando todavía allí reinaba su familia. Fuertes nunca sintió simpatía alguna por Juan Carlos, pero mucho menos por la princesa Sofía.

Fuertes de Villavicencio mandaba tanto que al General sólo se le acercaba quien él quería. Y fue precisamente él quien impidió que al palacio de El Pardo, cerrado a cal y canto desde el día de la muerte del General, entrara nadie que no contara con su autorización.

Es posible que a la Señora le hubiera gustado terminar sus días entre los muros de aquella fortaleza, entre sus recuerdos delirantes. ¿Se lo hubieran permitido? Pienso que si ella lo hubiera pedido, sí. Al menos hasta el triunfo del Partido Socialista. Pero como no pudo ser, aquel 31 de enero la Señora se preparó para abandonarlo, una vez que numerosos camiones la precedieron sacando del palacio, ilegalmente, los archivos de cuarenta años de la vida del General como Jefe del Estado, los regalos, miles de regalos, y todo aquello que a juicio de las tres Cármenes que colaboraban en el expolio les pertenecía. «Dejó toda la casa sin suelo que pueda servir ni pared que haya menester descostrarse y blanquearse.»

¿No les había pertenecido España entera?

Unos camiones se dirigieron a Móstoles, a la finca de Valdefuentes que el Generalísimo había comprado para convertirla en una rentable explotación agropecuaria y que dirigía el «sinvergüenza» de Sanchiz, según el doctor Gil. Otros vehículos, bien cargados, fueron a Torrelodones, a Canto Pico, una propiedad dejada en herencia personal a Franco por un español que le admiraba mucho, y otros tomaron rumbo al Norte, concretamente al pazo de Meirás, en La Coruña. Los objetos más valiosos, muebles, alfombras, tapices, cuadros y joyas fueron llevados a los pisos de Hermanos Bécquer, residencia de los marqueses y que también lo sería de ella.

Este edificio, situado en el distrito de Salamanca, muy cerca de la aristocrática calle de Serrano y del paseo de la Castellana, fue adquirido por la Generalísima hacía muchos años, en sociedad con su amiga la marquesa de Huetor de Santillana, que más tarde le cedería su parte a exigencias de doña Carmen.

Uno de los pisos, el cuarto, fue ocupado por los marqueses de Villaverde, y otro de ellos, el tercero, por una íntima amiga de la Señora que siempre estuvo dispuesta a dejárselo cuando a ella le hiciera falta.

La inquilina en cuestión enfermó, y a lo largo de toda su enfermedad una hija se fue a vivir con ella. Como habían transcurrido más de dos años, ésta, a la muerte de su madre, adquirió el derecho a quedarse a vivir en el piso. Para que se marchara por las buenas, por las malas no podía ser porque el General había muerto ya, se hubo de llegar a un acuerdo económico. Quince millones tuvo que desembolsar doña Carmen.

Y amaneció el 31 de enero, que sería el último de la vida de la Señora en el palacio de El Pardo. Aquel día hizo lo que había hecho desde el 15 de marzo de 1940: oír la Santa Misa en la capilla privada del palacio, misa que ofició el que fuera capellán de Sus Excelencias, monseñor Bulart, que como todos y como si nada hubiese pasado, continuaba también en su puesto.

La mañana la dedicó la Señora a recoger sus objetos más personales. Luego almorzó con su hija Carmen y su nieta María del Carmen, la preferida y la que más se le parecía. A las cinco de la tarde recibió a algunas personalidades, entre ellas al alcalde de Madrid, García Lomas, algunos ex ministros y generales.

La hora establecida para abandonar el palacio fue fijada a las seis en punto de la tarde. Poco antes reunió a todos los jefes, oficiales y suboficiales del Regimiento de la Guardia del Generalísimo, así como a los jefes de las Casas Civil y Militar de los que se despidió llorando.

A las 18.10, la Generalísima descendió por las escalinatas del palacio flanqueada por su hija, la duquesa de Franco, y su nieta, la todavía duquesa de Cádiz, escoltada por su yerno el marqués de Villaverde y los ex ministros más franquistas: Girón, Utrera Molina y Fernández de la Mora. En la explanada que se extiende ante el palacio, en el que aún seguía ondeando el guión de Franco, estaba formada una compañía del Regimiento de la Guardia del Generalísimo con bandera, banda y música.

La Señora tomó asiento en el coche junto a la ventanilla de la derecha. En el centro, su hija. A la izquierda, junto a la otra ventanilla, la nieta. El vehículo, lentamente, se puso en marcha. Un toque de corneta rompió el silencio. Los soldados rindieron honores militares presentando armas al paso del coche mientras la banda interpretaba el himno nacional.

Eran las 18.15 de la tarde del 31 de enero de 1976, cuando, al traspasar el coche el umbral del palacio, se dejó oír el toque de oración por la banda del regimiento al tiempo que se arriaba el guión del Caudillo y la bandera de España, que había ondeado en El Pardo desde el 15 de marzo de 1940.

En ese momento doña Carmen Polo y Martínez-Valdés no sólo dejaba, llorando a lágrima viva, de ser la Generalísima, sino también la primera dama de España. ¡Tuvo gracia que a lo largo de setenta días hubiera dos: ella en El Pardo con toda la parafernalia, y la reina Sofía en La Zarzuela, sin ninguna!

Lo que ocurrió una vez el cortejo estuvo fuera del recinto palaciego, pertenece al capítulo más siniestro de la España que millones de ciudadanos deseaban olvidar lo más pronto posible: una multitud vociferante y llorosa gritando brazo en alto: «¡Franco, Franco, Franco!», y cantando el *Cara al sol* y *Yo tenía un camarada.*

Resultó elocuente y simbólico que en uno de los cinco coches que acompañaban a la Señora desde El Pardo hasta la calle de Hermanos Bécquer fuera el marqués de Villaverde, completamente solo.

Mientras, a la puerta de la casa en la que habría de vivir hasta su muerte, iban llegando ramos y plantas de flores en tal número que no sólo ocupaban el piso preparado para ella, cuatro habitaciones y un baño, sino el portal y hasta los muros exteriores de la casa. Y con los ramos de flores, las amigas más íntimas de doña Carmen: las señoras de Rodríguez de Valcárcel, Pinilla, López Sáez, Monreal Luque, Ibáñez Martín, Alvarez Builla, García Lomas, González de la Mora, de la Fuente (Licinio), Crespo, Carraledo, García Conde, Tartier, Utrera Molina, Gutiérrez Cano, de la Riba, Nieto Antúnez, Castañón de Mena, Cortina Mauri, March, Madrigal, González Vargas y Puig Maestro Amado.

También se encontraban allí, en la puerta, esperando a la Generalísima de España para darle la bienvenida a su nuevo estado de señora viuda de Franco, el actor Pepe Nieto, los ex ministros Nieto Antúnez y Castañón de Mena, el teniente general López Sáez y el inefable fascista García Carrés, el del golpe del 23-F.

Era todo lo que quedaba de cuarenta años de franquismo, durante los cuales doña Carmen no sólo fue la esposa del Jefe del Estado, la primera dama, la Señora y la Generalísima, sino la dueña de un gran cortijo, de una gran finca que se llamaba España, que de la noche a la mañana y con una propina de setenta días se quedaba reducida a 120 metros cuadrados. En teoría. Porque la Generalísima de esta tropa dejó El Pardo convertida en una de las mujeres más ricas del país.

CAPÍTULO XVI

CARMEN COLLARES

Tal vez en el título de este capítulo se refleje la gran pasión de doña Carmen Polo y Martínez-Valdés, la Generalísima: las joyas, de las que hizo alarde desmedido a lo largo de los cuarenta años que fue poderosísima primera dama de España.

«Esta mujer se ha creído que es una reina», murmuraba la gente cuando la veía con aquellos joyones y perlas de numerosas vueltas en torno a un largo y esbelto cuello.

En las ocasiones que compartí mesa y mantel con el matrimonio Franco en las cacerías de El Cerrón, siempre vi a la señora enjoyada como si de una recepción se tratara. Cuando aparecía a desayunar, ya lo hacía luciendo sus famosas perlas, que eran algo así como una segunda piel y de las que se desprendía sólo para dormir. Y alguna que otra joya de no menos valor. O del mismo valor, pero menos aparatosa. Y sus modelos de Pedro Rodríguez. Y su bolso, que parecía la reina Isabel de Inglaterra.

Este alarde chocaba aún más cuando el resto de las damas que participaba en la cacería, activamente o como meras acompañantes de sus maridos, iban más bien discretitas. En lo que a joyas se refiere, que los atuendos estaban a la última moda cinegética. Por las mañanas, el comedor de El Cerrón más parecía un *cottage* de una reserva de Kenia en la que iban a cazarse leones que una finca toledana en la que sólo se podía disparar a inocentes gamos. Pero daba lo mismo, de lo que se trataba era de apantallar, lucir y lucirse. Pero eso sí, discretamente enjoyadas. Una pulserita de Cartier, unos anillitos de Van Cleef... Y casi todas, con su alianza de platino y brillantitos, que estaba muy de moda en la alta sociedad. De moda entre quienes podían.

Si esto era a la hora del desayuno, imagínese el lector cómo aparecería la Generalísima para cenar. Más parecía el escaparate de la joyería Aldao, su «proveedor oficial». La pasión de la señora por las joyas, además de la que sentía por las antigüedades, muebles, alfombras, dinero, inmuebles y acciones, la convirtieron en el terror de los joyeros, que en algunas ciudades visitadas por ella con frecuencia, La Coruña, San Sebastián y, por supuesto, Madrid, llegaron a constituirse en sociedad de afectados. Y no porque la Señora no pagara. Siempre, después de realizar una compra, decía lo mismo: «Envíen la factura a la Casa Civil. Allí la pagarán.»

Algunos ingenuos que las enviaron, cobrar, cobraron como estaba mandado. Pero también, como era legal, al poco tiempo recibieron una inspección de Hacienda que descubría lo que existía en aquella época, y a lo peor ahora también: la doble contabilidad que se llevaba en el establecimiento. La multa casi les colocaba al borde de la quiebra.

Para solucionarlo, los joyeros, solidarios ellos, decidieron no enviar nunca una factura a la Señora y repartirse a escote, entre todos, el importe de la compra realizada en la joyería que había tenido la mala suerte de recibir la visita de la vieja dama. En esto era como Imelda Marcos.

Los anticuarios no fueron tan solidarios. Cuando se enteraban que doña Carmen llegaba a la ciudad, cerraban el establecimiento. Y si la visita era por sorpresa, hacían lo que El Moro, conocido vendedor de antigüedades de Sevilla, que presumía de haberle vendido a la Generalísima todas las pinturas y tallas falsas que tenía, «sobre todo, imágenes románicas que le gustaban mucho». Tanto, que encontrándome en el pazo de Meirás realizando un reportaje al General, hizo su aparición la Generalísima, que regresaba de realizar algunas compras en La Coruña. Al verla llegar con una talla de la Virgen en la mano, oí a Franco musitar mientras posaba para las fotografías.

—¡Otra antigualla más...!

Y la mirada que le dirigió no fue precisamente cariñosa.

Cuando doña Carmen iba a visitar a algún anticuario, joyería u otro establecimiento, el general Fuertes, que casi siempre la acompañaba, solía llamar antes para pedir que tuvieran una atención con la Señora. Por ello, de cinismo puede interpretarse, y sólo de cinismo, la crítica que según el primo del General le hizo doña Carmen a su íntima amiga la marquesa de Huetor (que también era fina) por haber hecho «determinado ofrecimiento» a un vendedor de antigüedades para que le regalara cierto objeto. Así iban por la España de entonces la Generalísima y su tropa de amigas: la mujer de don Camilo Alonso Vega, la famosa doña Ramona, que esa también era generala, con mando en plaza, como suele ocurrir con la mayoría de las esposas de los tiranuelos; la esposa de Pedrolo Nieto Antúnez, que ésta iba de «almiranta», Lolina Tartier y Pura Huetor que, con otras damas, formaban la corte de «la Franca», como también la llamaban; amén de sus hermanas Isabel y Zita, de la que luego se distanció a raíz de que su marido, Serrano Súñer, dejara de ser ministro, y a quien siempre tuvo un odio visceral, según el padre Bulart.

El derecho de pertenecer a su círculo lo otorgaba doña Carmen como las reinas a las personas de su agrado, reconoce Pilar Jaraiz Franco, la sobrina rebelde del General. «Cuando mi tía mostraba su rechazo, podía ser definitivo», recuerda. Y todas las amigas lo sabían muy bien.

Amiga, lo que se dice amiga, doña Carmen no era de nadie. Las utilizaba, cuando las necesitaba, de damas de compañía. Y ellas tan contentas con pertenecer a esa corte de los milagros que era la corte de El Pardo. Algo sacaban, pero «le hacen mucho daño al Generalísimo las amistades que tiene doña Carmen, completamente indeseables», decía Suances.

La más amiga, a pesar de todo, era Pura Huetor. Con ella hacía grandes negocios y formaba sociedades mercantiles como la que constituyeron para comprar el edificio de Hermanos Bécquer. Ello no impedía que doña Carmen le hiciera alguna que otra faena, como exigirle la cesión de su parte de la casa en cuestión sin compensación económica alguna.

Pero la faena más «sucia», aunque menos importante, fue la del ramo de flores, que puso de manifiesto la baja pasión que por las joyas sentía la Generalísima, ante la que no se detenía ni por nada ni por nadie.

Ocurrió un 16 de julio, festividad de Nuestra Señora del Carmen, su onomástica. Como es fácil suponer, los regalos llegaban al palacio de El Pardo por centenares. ¡Había que adorar al santo por la peana! ¡Menuda peana que tenía! A veces parecía que era a la inversa. Antigüedades, joyas, tapices, cuadros y ramos de flores de Bourguiñon como para adornar medio Madrid.

Muchos de esos regalos, los de menos valor, los de alta bisutería, las nimiedades, los utilizaba doña Carmen, como toda dama que se precie de ahorrativa, para hacer a su vez otros regalos a las amigas o a los compromisos. Lo primero que repartía, por la sencilla razón de que no había dónde colocarlos, eran los centros de flores que, además, era lo que menos valía o no valía nada comparado con otros regalos.

—Uno para mi hermana Zita, otro para mi hermana Isabel, otro para mi amiga Ramona, otro para Lolina, otro para la mujer de Pedrolo..., y éste de orquídeas para Pura, que por algo es su cumpleaños.

Lo que ocurrió, sólo le podía suceder a la Generalísima como justo castigo a su perversa avaricia. No es que enviara a la marquesa de Huetor y, por error, el mismo regalo que había recibido de ella. No. Desgraciadamente, sucedió algo mucho peor aquel 16 de julio. El objeto no tenía mucha importancia. Como hemos referido, se trataba de un simple ramo de flores. Muy aparatoso, eso sí, porque era de orquídeas. Como es de buena educación, y la marquesa, aunque algo burra, educada era, se apresuró a llamar a doña Carmen para agradecerle el regalo:

—¡Carmina, estoy emocionadísima! ¡Qué maravilla! ¡Es demasiado! ¡Qué alegría tengo! ¡Casi me desmayo!

Ante tanto elogio y agradecimiento, doña Carmen preguntó escamada:

—Pura, ¿pero qué consideras demasiado?

—No disimules, Carmina, no me refiero a las flores.

—¿A qué te estás refiriendo entonces? —inquirió la Generalísima.

—A qué me voy a referir, al broche de brillantes de Aldao, al menos el estuche es de tu joyería.

—Ahora mismo te lo mando a recoger. Con las flores te puedes quedar, pero el broche me lo devuelves inmediatamente. Ha sido un error. ¡Qué despistada soy! ¿Dónde tendré la cabeza?

La cabeza la tenía en su sitio. Y muy bien colocada. Quien no debió colocar muy visiblemente el regalo entre las orquídeas fue el empresario, que para agradecer los favores recibidos del General, obsequiaba a la Generala con aquella cosita sin importancia perdida entre un mar de flores.

A los pocos minutos estaba allí el motorista, uno de aquellos motoristas que lo mismo servía para que el General «agradeciera los servicios prestados», como eufemísticamente se denominaba a un cese ministerial, que para recoger una joya de la señora.

A propósito de esta anécdota de la confusión del regalo, increíble anécdota, pero cierta, recuerdo lo que le ocurrió a un conocido mío, confitero y propietario de Neguri, una lujosa pastelería del madrileño barrio de Salamanca. Como era muy monárquico, decidió regalar, con motivo de su cumpleaños, al entonces príncipe Juan Carlos una gran tarta de chocolate sobre la que estuvo trabajando, poniendo toda su maestría como repostero, durante varios días. Hasta conseguir toda una obra de arte confitera. Tanto tiempo empleó que casi no llega para aquel 5 de enero. Pero la terminó, y con toda la ilusión de monárquico de viejo cuño, la envió al palacio de La Zarzuela para que sobre ella Juan Carlos pudiera apagar las velas de rigor.

Pasaron los días. Hasta que uno, que no olvidará nunca, recibió un telegrama de la entonces casa de Su Alteza Real el Príncipe, redactado en los siguientes términos: «Gracias por sus preciosas flores.»

El buen hombre no tuvo ni la oportunidad de decir como la Generalísima: «Quédate con las flores y devuélveme el broche», que en este caso hubiera sido «Quédese con el telegrama y devuélvame mi tarta». De ella jamás se supo.

Peor, mucho peor (pero... ¿todavía puede haber algo peor?), fue lo que le ocurrió a Lolina Tartier, otra de las «íntimas» de la Señora, amiga de la infancia de Oviedo, una de las asiduas a las partidas de canasta y de bridge que una vez a la semana celebrada Carmina. Unas en casa de Ramona, otras en la de Lolina, otras en la de Pura y otras en El Pardo. Porque la Generalísima, por aquello de salir de palacio, gustaba de rotar el escenario. Un día correspondió celebrar la partida de cartas en el domicilio de Lolina Tartier, con doña Ramona, doña Carmen y otra jugadora. La anfitriona acababa de cumplir cincuenta años. Y por tan señalado aniversario, su marido, rico él, le había regalado una espectacular y valiosa pareja de sillones Luis XVI.

A doña Carmen, que no se le escapaba una y menos si de antigüedades se trataba, celebró expresivamente los sillones.

—¿Te gustan? —le preguntó la señora Tartier.

—Sí, mucho —respondió la Generalísima contemplándolos con ojo de experta—, son magníficos.

—Es un regalo de mi marido —se apresuró a informarla, porque conociéndola, como la conocía, la vio venir.

Pasó más de un mes hasta que las jugadoras, por turno rotatorio, volvieron a reunirse en el domicilio de la señora de Tartier. Y aquel día doña Carmen, que no se andaba por las ramas y no se detenía ante nada cuando algo le gustaba, le dijo a Lolina sin más:

—¿Por qué no me los regalas?

—Carmina, tú sabes muy bien que no puedo. Es un regalo de mi marido.

Cada vez que Carmina acudía a la casa de Lolina, por lo del bridge y la canasta, doña Carmen entonaba la misma canción. El mismo rollo. La misma petición, que ya era casi una exigencia. Cansada y al mismo tiempo preocupada, ya que no deseaba romper su amistad con la Generalísima y sabiendo como sabía que si no era complacida el rechazo a la amistad podía ser definitivo, lo comentó directamente con su marido, que de una forma elegante le quitó importancia al regalo que le había hecho a su esposa. Como correspondía. Y zanjó el asunto diciéndole:

—Si se ha encaprichado con los sillones, ¡qué le vamos a hacer! Enviáselos.

Lolina, con todo el dolor de su alma, los mandó a El Pardo. Y procuró olvidarlos.

Esto ocurría en primavera. El verano pasó y llegó el otoño, que entonces coincidía con los grandes estrenos teatrales en Madrid. No como ahora que ya casi no existen.

Una tarde el matrimonio Tartier acudió al Teatro Español, donde Paco Rabal representaba *Edipo.* Al pasar por uno de los anticuarios que existían entonces, y aún siguen existiendo hoy, en la plaza de Santa Ana, vio en el escaparate un sillón Luis XVI, igualito, pero igualito, a los que su marido le había regalado, y ella a su vez había tenido que «regalar».

—Creo que este sillón es uno de los que se llevó Carmina. Sí, sí, no hay duda, éste es uno de los míos —exclamó desagradablemente sorprendida.

—Pero, ¡cómo va a ser el tuyo! —comentó su marido—. Sillones Luis XVI hay muchos.

Y como la tienda aún estaba abierta (todavía no habían dado las siete), Lolina y su marido entraron y preguntaron al dueño si aquel sillón del escaparate estaba a la venta y cuál era su precio.

—Se trata de una pareja —les advirtió el anticuario—. El otro lo tengo en el sótano.

—¿Qué miras? —le preguntó el marido de Lolina al verla observar detenidamente el sillón por la parte de atrás.

—Simplemente estoy buscando un garabato que el nieto hizo con un bolígrafo.

Y el garabato, algo así como la seña de identidad, la marca de la casa de los Tartier, allí estaba.

¿Qué había ocurrido? Aunque Lolina no quería saberlo, sí supo, a pesar de que el anticuario no se aclaró, que o bien la Generalísima, que era clienta, los había vendido o cambiado por otras piezas que le interesaban más.

La Excelentísima Señora se las gastaba así.

Capítulo XVII

UNA CORONA FALSA PARA FABIOLA

Aún fue peor lo de Fabiola.

—¿Peor que lo que hemos leído?

—Sí, mucho peor.

—¿Peor aún?

—Si les digo que se trataba de Fabiola...

—¿De la reina Fabiola?

—De la mismísima Reina.

—No nos irá a contar que también con la mujer de Balduino...

—Lo que les voy a contar no se lo van a creer.

—Cuente, cuente, cuente.

Finalizaba el año 1960. En España se estrenaba *La orquídea negra* de Sofía Loren y *Ben-Hur* de Charlton Heston. El Real Madrid ocupaba el primer puesto de la primera división. Cine y fútbol. El pan y los toros de entonces. Lo único que se podía ver y de lo único que se podía hablar en aquellos durísimos años de aislamiento, represión y pobreza.

El General acababa de inaugurar la basílica de la Santa Cruz del Valle de los Caídos (1 de abril de 1959), el presidente de los Estados Unidos, Eisenhower, visitaba oficialmente Madrid (21 de diciembre), visita que a Franco, a quien nadie venía a ver, colmó de felicidad. «Estoy muy satisfecho del gran recibimiento que el pueblo de Madrid le ha tributado. Ha sido un verdadero plebiscito y referéndum de los españoles a mi política exterior.» Política exterior que no existía salvo con Portugal, con cuyo presidente, el siniestro dictador Oliveira Salazar, se entrevistaba el Caudillo en Mérida el 20 de julio de 1960, y con el de la República Argentina, el presidente Arturo Frondizi, que llegaba a Madrid el 7 de julio de 1960.

Por ello que, de la noche a la mañana, sin previo aviso ni conocimiento, la corte real de Bélgica, uno de los países europeos que más detestaba a Franco, anunciara no sólo a los españoles, sino al mundo entero que «el rey Balduino hace público su compromiso matrimonial con la joven española Fabiola de Mora y Aragón, fijándose la ceremonia de la boda para el 15 de diciembre de 1960», fue una de esas noticias que conmueven hasta la médula los sentimientos de un país, y más un país aislado como España, el país más pobre de Europa, política y económicamente hablando. Eramos tan pobres que media población había tenido que emigrar a esa Europa que no nos quería en busca de sustento. Bélgica estaba llena de esos emigrantes.

Aquella historia era al estilo de lo de Cenicienta, pero su protagonista, una burguesita que escribía cuentos de hadas y encabezaba sus cartas con una cruz y las terminaba poniendo bajo su nombre H. de M. (Hija de María), iba a casarse no con el príncipe de sus sueños, como la del cuento, sino con un rey de carne y hueso.

La boda de Fabiola y Balduino fue el culebrón de 1960. Cuando doña Carmen, la Generalísima, supo la fecha de la boda, ella, como primera dama de España, se arrogó el privilegio de ser personalmente la que eligiera el regalo que el pueblo español iba a ofrecer a su reina. Bueno, a la reina de Bélgica, que para reina de España ya estaba ella.

Y puso manos a la obra. «¿Qué le voy a regalar a Fabiola con el dinero de los españoles?», se preguntó. Una joya. Tenía que ser una joya, pero una joya muy especial. Y comenzó a visitar joyeros y anticuarios. Pero nada le convencía, todo le parecía poco para una soberana europea.

En la joyería Aldao, su joyería preferida, no encontró nada que le satisfaciera. Ni en Villanueva y Laiseca, que, como especialistas en condecoraciones, le habían hecho a su Paco la Gran Cruz Laureada de San Fernando, toda ella de esmeraldas, rubíes y brillantes. Y también las medallas conmemorativas que le entregaban de toda España y que aquellos joyeros, tan amables, convertían en pequeños lingotes cuando ella las llevaba al día siguiente de haberlas recibido el General, su marido.

Mis fuentes dijeron en su día que fue en un anticuario de la plaza de Santa Ana. ¿Sería el mismo de los sillones Luis XVI de Lolina Tartier, donde la señora encontró, por fin, lo que quería? Lo que buscaba era una gran corona real, que a lo peor era tan sólo ducal, pero a la Generalísima le gustó, porque era antigua y estaba llena de piedras preciosas: esmeraldas, rubíes, zafiros... grandes como castañas.

¿De cuánto dinero disponían para el regalo? Y, ¿de dónde salió ese dinero? Porque suscripción popular no hubo. Ni donaciones. Sencillamente lo que la Generalísima quiso pagar, y no con su dinero. Dicen que fueron cinco millones de entonces. Muchos millones eran. Dicen que fueron dos. Pocos me parecen para el regalo oficial a una reina española.

A esa boda, tanto Franco como doña Carmen le sacaron mucho partido. El General, desde el punto de vista político: por fin, un país europeo como Bélgica «reconocía» su régimen, pensó, confundiendo el culo con las témporas, el *¡Hola!* con *Le Monde,* al buenazo y beato de Balduino, que iba para trapense, con el primer ministro Henry Spaak, que odiaba al General; al cardenal Van Roey, primado de Bélgica, con Pla y Deniel, el franquista cardenal primado de Toledo; al Parlamento belga, con mayoría socialista, con las Cortes uniformemente franquistas. Y al Mercado Común con la Feria del Campo.

La Generalísima también le sacó lo suyo. ¿Cuánto pagó

en realidad y cuánto dijo que había pagado? ¿Cuánto se embolsó con el regalo? ¿Qué manipulación hizo en aquella corona? ¿Qué fue de la pedrería que la adornaba y que como una urraca debió deslumbrarle hasta obligarle a pensar: «Esta corona no se queda así. Esto lo arreglo yo»? ¡Y de qué forma lo arregló!, porque el día que Fabiola se la encasquetó por primera y última vez...

Ocurrió el 13 de diciembre de 1960, dos días antes de la fecha fijada para la ceremonia de boda, en el transcurso de la gran cena de gala seguida de baile que para su presentación oficial, y con todos los invitados reales presentes, se celebró en el palacio real de Laeken. El autor de este libro estuvo allí. Como reportero, pero estuvo. Junto a cinco reyes, tres reinas, un gran duque, dos grandes duquesas, doce princesas y también los Villaverde, que sólo eran marqueses, pero representaban al General.

Como Balduino había pedido a Fabiola que el día de la boda luciera la diadema que había pertenecido a su madre, la llorada reina Astrid, y que su padre el rey Leopoldo había guardado celosamente para entregársela a la esposa de su hijo Balduino el día que se casara, Fabiola pensó que, puesto que no era posible ese día, ninguno otro mejor que el de su presentación para lucir la corona regalo de España. O, mejor dicho, de doña Carmen, que bien sabía ella que la había elegido la Generalísima.

Nunca lo hubiera hecho, porque aquella misma noche, y en el transcurso de la gran recepción, alguien descubrió que aquella «joya» no era tal joya, sino una vulgar corona de plata, antigua, eso sí, y las piedras preciosas, unos no menos vulgares trozos de vidrio de colores.

¿Quién había sustituido las piedras originales, si es que las tuvo algún día, por aquellas piedras de imitación que ni tan siquiera eran piedras preciosas sintéticas, pues los japoneses no funcionaban todavía? Las malas lenguas dicen que fue doña Carmen quien lo hizo. Otros, más benevolentes con la Señora, culpaban a las religiosas del convento donde la corona estuvo depositada durante la guerra y que para sobrevivir a la hambruna postbélica se las habían ido «comiendo», una a una, con la colaboración de algún avispado joyero. La corona en cuestión había sido vendida después de la guerra por sus propietarios a un anticuario madrileño, ignorando, dicen, las manipulaciones de las que había sido objeto dicha corona. ¡Ni que el anticuario fuera lelo! Por ello, algunos expertos pensaron que pudo ser éste «solo», o en colaboración con «otro», quien llevó a cabo la sustitución.

De aquella corona jamás se supo. Posiblemente la reina Fabiola la guarda como un triste recuerdo de doña Carmen, la Generalísima, la primera dama de España.

Capítulo XVIII

LAS TACAÑERIAS DE LA SEÑORA

Cuatro médicos, cuatro, que ya es casualidad que todos ellos lo fueran, son los protagonistas de este capítulo, que demuestra que la Generalísima estaba dispuesta a coger con los dientes una moneda de un estercolero, que diría Petronio.

Para la Señora, el dinero era como un sexto sentido, sin el que no podía usar los otros cinco. Y el dinero, que junto a las joyas y las antigüedades conformaban la trilogía de sus debilidades, le hacía, a veces, ser mezquina.

Los cuatro doctores a quienes me refiero fueron Bertolotti, Vicente Gil, Hidalgo Huertas y Vicente Pozuelo. Cuatro eminencias de la Medicina a los que doña Carmen debía apreciar, ya que todos ellos, en algún momento de los cuarenta años de Franco al frente de la Jefatura del Estado, prestaron grandes servicios profesionales a su Paco. En algunos casos, desinteresadamente. Incluso contra sus propios intereses económicos y en perjuicio de su clientela particular y en mayor o menor medida de los pacientes de la Seguridad Social de dos de ellos.

Ninguno de los cuatro se hizo rico atendiendo al General, es más, no ganaron ni una peseta. Sus actuaciones profesionales eran completamente desinteresadas. Les bastaba con ser médicos de cabecera, como Vicente Gil y Vicente Pozuelo; médico militar en la etapa de Africa como Bertolotti o cirujano del tristemente famoso «equipo médico habitual» en el caso de Hidalgo Huertas.

Pero el lógico y natural aprecio que la Generalísima debió tener a los cuatro no impidió que cada uno de ellos y en diferentes épocas y circunstancias fuera objeto de las, llamémosle, «mezquindades» de la Señora. A lo peor, esta palabra suena muy dura y sería mejor calificar de cicatería, tacañería o roñería, porque ruindad, que es otro sinónimo, me parece demasiado. Yo prefiero que sean los lectores los que, después de leer cada historia protagonizada por estos doctores en Medicina, califiquen si no a doña Carmen, a quien no deseo llamar ni tacaña ni cicatera ni roñosa, que quizá lo era, sí su acción con estos ilustres galenos, acción que podríamos resumir con una sola palabra: miserable.

El doctor Bertolotti no era un médico cualquiera, ni un militar cualquiera, ni siquiera un médico militar cualquiera, porque cuando prestaba sus servicios profesionales en la guerra de Africa ya era un gran médico militar, distinguido nada menos que con la Gran Cruz Laureada de San Fernando Individual. Para el general Franco era, además de su médico en aquella campaña en el norte de Africa, un gran amigo. Motivos tenía para ello, ya que Bertolotti le salvó la vida cuando el 29 de junio de 1915 le hirieron en el vientre en un combate en El Biuts, cerca de la posición de Kudia. No se murió gracias a este laureado médico.

Muchos años habían de pasar para que Franco y Bertolotti volvieran a encontrarse. Cuando lo hicieron, aquel «comandantín» de Africa no sólo era ya Generalísimo y laureado como él, aunque mucho más tarde, sino poderosísimo Jefe del Estado.

En vísperas de la jubilación, Bertolotti quiso ver a su antiguo camarada y le solicitó audiencia militar. Franco, que siempre le había estimado, tuvo la deferencia de recibirle fuera de las siempre protocolarias, frías y rígidas audiencias de los jueves. Y le citó para tomar café un domingo. A solas los dos, ya viejos, deseaban rememorar sus batallitas africanas. Fue una tarde distendida y feliz.

—¿Te acuerdas...?

—¡Cómo no me voy a acordar...!

—Por poco te mueres...

—Si no estás tú, por supuesto, que me muero.

—¿Te quedó alguna secuela?

—Me quedé como nuevo.

—¿Qué fue de fulanito? ¿Y de menganito?

—¿Eres feliz?

—Muy feliz, Paco. Me marcho con la satisfacción del deber cumplido.

—Te veo nervioso...

—Es que se me ha terminado el tabaco y es el único vicio que tengo y que practico a tope. Tú, como no has fumado nunca, no sabes lo que es eso.

Su Excelencia llamó al ayudante y le pidió que le trajera tabaco al doctor Bertolotti.

—¿Qué marca fumas?

—Ahora me da igual.

—Traiga un cartón —ordenó Franco al ayudante.

Y los caballeros laureados continuaron recordando. Bertolotti fumando cigarro tras cigarro. El General hablando. Llegó la hora de despedirse. Posiblemente sería para siempre. El Caudillo quiso acompañar a su viejo amigo de armas hasta los jardines de palacio. En ese momento apareció doña Carmen.

—¡Qué alegría volverte a ver, Bertolotti!

—Yo también, Carmina. Ya me iba.

—¿Qué llevas debajo del brazo? —preguntó la Generalísima.

—Un cartón de tabaco que me ha regalado Paco.

—¿Me permites?

Y la Señora, que aquí habría que entrecomillar la palabra, tomó el cartón que le entregaba Bertolotti, extrajo una cajetilla, una sola cajetilla, dándosela al viejo doctor. Y llevando en sus manos el resto del cartón, doña Carmen se dirigió a sus aposentos.

El doctor Vicente Gil fue el médico de cabecera del General a lo largo de veintisiete años, tiempo que dedicó por completo, noche y día, a velar y defender la salud del Jefe del Estado, a quien respetaba, admiraba y hasta quería. Amén de sentirse identificado con la ideología franquista, que un poco fascistoide sí que era Vicente, pero un fascista simpático, de camisa azul.

Todo el que le trataba, sabía que el doctor Gil tenía un defecto, defecto llamaban en aquella corte de las verdades a medias cuando no mentiras, de la simulación y, sobre todo, la adulación, decir las verdades del barquero. Este «defecto» le creaba muchos enemigos, sobre todo en el círculo del General, a quien informaba, lo quisiera o no oír, de la catadura moral de algunos de sus colaboradores más allegados.

El doctor Gil fue quien, como hemos recordado ya en otro capítulo del libro, le dijo a Franco aquello de «Excelencia, Sanchiz es un sinvergüenza». Y Sanchiz era un hombre de confianza del Caudillo, pero, sobre todo, del marqués de Villaverde, de cuya mano se había introducido en El Pardo, porque era pariente suyo.

Fácil es suponer la poca o nula simpatía que el doctor Martínez Bordiu sentía por su colega, a pesar de saber que Vicente había pasado ya veintisiete años entre las paredes de El Pardo, veintisiete años en los que hubo buenos y malos momentos, y que estaba muy identificado con el Generalísimo. Al doctor Gil no le gustaban muchas de las cosas que veía en el palacio ni muchas de las personas que rodeaban a Su Excelencia, pero lo que más le crispaba eran las cacerías y quienes las fomentaban. «Le explotan con lo de las cacerías [a Franco], que no todo el monte es orégano y que allí se aprovechan para hacer sus buenos negocios», dice en su libro *Cuarenta años junto a Franco.*

Yo coincidí con Gil en varias de esas jornadas dedicadas a la caza. Recuerdo que la tenía tomada conmigo porque no hacíamos reportajes de boxeo en *¡Hola!*, de cuya federación era presidente. Y no había manera de convencerle de que *¡Hola!* no era una publicación deportiva.

—¿Y la caza qué es, no es un deporte? Claro, que a ti lo único que te interesa son los sinvergüenzas que vienen a cazar.

Y no dejaba de tener razón. Y tampoco dejaban de tener gracia sus salidas. Era muy burro. Hasta Franco en una ocasión en que Gil insultaba a Sanchiz y demás amigotes de Villaverde, le reprendió cariñosamente, diciendo: «¡Qué animal eres, Vicente!»

Pero al marqués todas las cosas de Vicente Gil no le hacían ninguna gracia, ni a doña Carmen, porque las cacerías, tanto a ella como a su yerno, les gustaban mucho.

Manuel Fraga cuenta en sus *Memorias* que un día (27 de febrero de 1972) fue testigo de las voces que Gil daba contra los «desleales». «Y me dijo que el Jefe del Estado va a cazar menos y dejar de montear.» Vicente decía esto porque le preocupaba la salud, ya precaria, de Franco, a quien le llegó a comentar: «Todos le dicen que está muy fuerte para darle coba.»

Pero estos desvelos no se los agradecía nadie. Creo que ni el propio General ni la Generalísima. Y mucho menos el marqués de Villaverde, que en la primera ocasión que tuvo, el 11 de julio de 1974, con motivo de la tromboflebitis que exigió el internamiento del General en la Ciudad Sanitaria Francisco Franco, no sólo prohibió al doctor Vicente Gil intervenir cuando, como médico de cabecera a lo largo de veintisiete años, sus opiniones eran tan necesarias, sino que allí, en el propio pasillo de la clínica, casi llegan a las manos. Lo evitó la intervención del doctor Hidalgo Huertas, director del centro, pero no que el marqués, ese día, despidiera al leal y bueno de Vicente. Nunca más volvió a poner los pies en El Pardo ni ver al hombre al que había consagrado su vida, tanto privada como profesional.

La única prueba de gratitud «por los servicios prestados» la recibió a los pocos días de parte de doña Carmen que tuvo a bien enviarle a su casa... un televisor.

El doctor Vicente Pozuelo sustituyó, a petición de la marquesa de Villaverde, al doctor Vicente Gil como médico de cabecera del Caudillo, su padre, el 24 de julio de 1974. Ese mismo día, el marqués de Villaverde había decidido prescindir —¿de acuerdo con doña Carmen y Carmencita?— de Gil. Pozuelo exigió que a Gil se le informara que él aceptaba porque la familia había solicitado sus servicios.

—Vicente Gil, como profesional y como hombre que ha dedicado una gran parte de su vida a tu padre, se lo merece. Pienso que debe de estar pasando malos momentos por una situación desagradable que a mí no me gustaría atravesar —le dijo el doctor Pozuelo a la marquesa.

Desde el día que el General regresó al palacio de El Pardo, el 31 de julio de 1974, y hasta que murió, el 20 de noviembre de 1975, para Pozuelo no hubo más enfermo que Franco (aunque intentó no abandonar a los suyos, particulares y de la Seguridad Social) ni más hogar que El Pardo, que sólo dejaba para cambiarse de ropa, o cuando asistió al entierro de su madre.

Franco, ya muy acobardado por la enfermedad, exigía su permanente presencia, ya fuera en el antedespacho, junto al dormitorio, en las vacaciones del pazo de Meirás, en las cacerías, y hasta en las jornadas de pesca. Su Excelencia, teniendo al doctor Pozuelo cerca, se sentía feliz. No necesitaba a nadie más para vivir. Doña Carmen, con la presencia de Pozuelo, también se sentía relajada y tranquila. Tanto llegó a estimarle que casi le consideraba como de la familia. Y como tal quiso corresponderle al regreso de una jornada en la que había acompañado a Franco a pescar.

Fue un 19 de julio de 1975 en La Granja. Después de la gala tradicional con motivo de la fiesta del 18, el General decidió quedarse un día más para dedicarlo a la pesca.

Y como es natural, su médico de cabecera, que era Pozuelo, le acompañó. Según cuenta en su libro *Los últimos 476 días de Franco,* la jornada se dio muy bien y las truchas picaban con facilidad.

—¿Le gustan a usted las truchas? —le preguntó Su Excelencia.

—Sí, mucho —respondió el doctor.

—Ahora ordeno que le envíen quince a su casa —le dijo el Caudillo.

Al día siguiente Pozuelo recibiría... tan sólo siete.

El doctor Manuel Hidalgo Huertas, a quien, como el lector recordará, llevé las famosas fotos de la agonía de Franco para que me las identificara, como he relatado al comienzo del libro, fue, de todos los que formaban «el equipo médico habitual», quien más responsabilidad tuvo durante la enfermedad y al que, en el reparto de funciones, le correspondió la más delicada y peligrosa.

De su habilidad y conocimiento como cirujano, el más prestigioso especializado en estómago que existía, dependió la vida del General, a quien tuvo que intervenir en el transcurso de tan sólo diez días, tres veces, tres, y las tres a vida o muerte.

La primera, el 3 de noviembre, para extirparle una úlcera sangrante en el fundus que interesaba la arteria gastroepiloica izquierda. Aunque algunos médicos no eran partidarios de operar, se decidió que había que hacerlo porque el General se moría. «Yo opero si vosotros decís que opere», dijo. Y operó. Y le salvó la vida ese día. Esta primera intervención se realizó en una situación muy precaria en un botiquín del palacio de El Pardo que no reunía ni las más mínimas condiciones. Para que pudieran funcionar el bisturí eléctrico y las luces que necesitaba, hubo que apagar todo el palacio.

La segunda operación, dos días después, se realizó tan a la desesperada que incluso Franco llegó a decir: «¡Qué trabajo cuesta morirse!» En esta segunda intervención, realizada en la clínica La Paz, el doctor Hidalgo Huertas hubo de realizar una resección subtotal eliminando gran parte del estómago.

La tercera tiene lugar el día 13 de noviembre, al producirse una hemorragia masiva. El abdomen está a punto de reventar de tan abombado como se encontraba. Es un cuadro de peritonitis gravísimo con una hipotensión arterial y una hipertensión venosa. Cuando Franco es llevado al quirófano tenía tres y cuatro de tensión. Pero el doctor Hidalgo Huertas se la juega una vez más y decide operar, sin grandes esperanzas. La intervención duró tres horas y Franco volvió a salvar la vida.

Tres veces, tres, se puso la vida del General en sus manos y tres veces, tres, el doctor Hidalgo Huertas se jugó su prestigio, que es todo lo que poseía y que no era poco, con el mayor desinterés. Sabía que intervenir al General no le iba a reportar ningún beneficio profesional a esas alturas. Si hubiese sido en la década de los cincuenta o de los sesenta, ya lo hubiera podido capitalizar, pero en noviembre de 1975, intentar prolongar la vida de un hombre que más de medio país estaba deseando que se muriera de una vez, ya me dirán ustedes el «negocio» que iba a hacer. Pero el doctor Hidalgo Huertas cumplió con su obligación, y sufrió mucho aquellos días por no poder salvar la vida de un enfermo que le había sido confiado.

Doña Carmen no lo olvidó jamás. Y una vez muerto el General, ella le envió como agradecimiento... dos cajas de vino. Y no me lo ha dicho él, que yo lo sé.

Capítulo XIX

LA DICTADORA DEL DICTADOR

Se diga lo que se diga, se escriba lo que se escriba, la historia de Franco y de Carmen no fue nunca la historia de un gran amor. El General siempre tuvo una actitud de frialdad con su mujer, independiente de la falta de espontaneidad y alegría, que nunca la hubo entre ellos.

El primo del Caudillo, Franco Salgado-Araujo, que no debía de tener mucha simpatía a la Señora ni la Señora a él, ya que siendo, como eran, parientes le llamaba simplemente «general», decía que cuando no estaba ella, Franco se comportaba de una forma distinta. Si doña Carmen aparecía, el Generalísimo, que no era ni mucho menos la alegría de la huerta, se ponía muy serio, hablaba muy poco o dejaba de hablar.

El General y su esposa formaban una pareja que, por su altísima representación, adoptaba un aire de severidad y empaque. A pesar de aparecer siempre juntos, se detectaba una mutua soledad, un abismo entre marido y mujer que, tal como existía, era la forma suprema del egoísmo.

Para Franco siempre hubo algo más importante que su mujer: primero fue la guerra de Africa; luego la guerra civil española; por último, la Jefatura del Estado. A doña Carmen la soportó. Y, a veces, hasta la menospreciaba y sólo le respondía con monosílabos: «Sí.» «No.» Pero casi siempre «¡No!»

El doctor Pozuelo relata, en su ya citado libro, una anécdota de la que fue testigo y que no me resisto a reproducir porque es reveladora y expresiva acerca de la relación del General y la Generalísima, la relación entre marido y mujer.

Ocurrió en el pazo de Meirás, durante el verano de 1974. A Franco le habían regalado un hermosísimo faisán blanco disecado, un extraño ejemplar.

—Que lo coloquen sobre el arcón que está a la entrada, a la izquierda —dijo Su Excelencia con acierto, puesto que, como dice Pozuelo, se trataba de un rincón de muebles oscuros sobre los que resaltaba de forma extraordinaria el ave, haciéndose notar.

Pero cuando Su Excelencia y sus acompañantes estaban contemplando la ubicación del faisán, apareció doña Carmen que, cogiendo al ave disecada, la trasladó a otro rincón donde había varios ejemplares también disecados.

—¿Te parece que lo coloque aquí? —preguntó a Paco.

—¡No! —fue la tajante respuesta de su marido.

La Señora la colocó en otro sitio, y preguntó:

—¿Aquí?

—¡No! —repitió secamente el General.

Doña Carmen buscó otro nuevo lugar:

—¿Aquí?

—No —repitió al borde de su paciencia el Caudillo.

Doña Carmen dejó el faisán donde lo había encontrado al principio.

—Sí, efectivamente ahí es donde está mejor.

Y doña Carmen dio media vuelta y se fue a misa.

En los desayunos y cenas que compartí con el egregio matrimonio en las cacerías de El Cerrón, jamás vi un detalle ni un gesto de cariño o de ternura de doña Carmen a su marido. Lo que no quiere decir que no le quisiera mucho, pero lo que más le interesaba a ella era el poder. En eso se parecía a él. Dicen que la Generalísima y el yerno obligaron al General a reasumir el poder en julio de 1974, que para algunas cosas la suegra y el yerno eran uña y carne.

La intromisión de la Señora en los asuntos de Estado, sobre todo los últimos años de la vida del General, era un hecho sabido por todo el Gobierno, cuyos miembros procuraban no contrariarla ni que lo hicieran sus esposas, las señoras «ministras», ninguna de las cuales le profesaban la menor simpatía.

—Hay días que no se aguanta a sí misma —me comentó una de ellas, amiga mía.

La Generalísima intervenía hasta en la elección de presidente de Gobierno, al menos en la de uno de ellos, porque sólo hubo dos, y llamaba a los ministros cuando ella creía que las cosas no se hacían bien.

—Me he entrevistado con doña Carmen, quien con lágrimas en los ojos me ha pedido que le hable a su esposo. No le gusta la marcha de las cosas —le contó el almirante y ministro de Marina Nieto Antúnez a Fraga el 22 de julio de 1970.

Y no dejaba de tener razón la Generalísima, ya que aquellos días estallaba el caso Matesa, con el procesamiento de tres ex ministros (Navarro Rubio, Espinosa San Martín y García Moncó) y la dimisión de Silva Muñoz.

A la familia real, doña Carmen no les podía ni ver. No sólo a los miembros presentes, como Juan Carlos y Sofía, sino también a sus antepasados. De la infanta Isabel, aquella a la que llamaban «La Chata», que, como la condesa de Barcelona, no se perdía ni una corrida de toros, la Señora decía en tono despectivo que era «populachera». Y si alguien alababa a la reina María Cristina, recordaba que «en su época se perdieron las colonias». ¡Como si la madre de Alfonso XIII hubiera tenido la culpa!

Tampoco quiso nunca a la familia de Paco. «¿Cuál es nuestro delito? ¿Le habíamos hecho algún daño? Nuestra posición social ¿le parecía poco?», se preguntaba su sobrina Pilar Jaraiz Franco.

Yo creo, más bien, que se avergonzaba de ellos. Sobre todo de Pilar, que era tan lenguaraz, tan natural, tan graciosamente vulgar. Doña Carmen no sólo se avergonzaba de la familia del General, sino también de sus orígenes y, sobre todo, de la modesta casa de El Ferrol en la que hace cien años (4 de diciembre de 1892) nació su marido.

A Carmen le habría gustado que aquel modesto edificio de la calle de Frutos Saavedra no hubiera existido, que como otras muchas casas de El Ferrol hubiera sido derribada para construir un bloque de viviendas, aunque fuera de protección oficial. Pero allí seguía, resistiendo el paso del tiempo, casi de los siglos, el número 136, una vieja casita ante la que la gente del lugar decía con orgullo, en aquellos años, a los veraneantes de El Ferrol:

—Aquí nació Franco.

Pero a ella, tan exquisita, tan clasista, tan elegante, no le gustaba ni mucho ni poco ni nada que se conocieran los modestos orígenes de su Paco. Su familia no lo aceptó cuando era tan sólo un «comandantín». Tuvo que ser ya general para que no les pareciera tan mal.

Cuando conoció la casa natal de su marido, sintió vergüenza. Su reacción fue idéntica a la que tuvieron los del Opus (o el propio José María Escrivá de Balaguer) cuando convertido ya en poderosísimo padre y marqués decidió borrar las huellas de su modesto origen, transformando la tiendecita de la esquina, en la que había nacido, en una gran casa solariega —se compraron varias casas contiguas— con escudo nobiliario y todo. Fue entonces, sólo entonces, cuando se colocó la placa que dice: «Aquí nació...»

Doña Carmen hizo lo mismo. «Aquel sórdido hogar en que vio la luz y se desarrolló la infancia de quien moraba en el palacio de El Pardo, y antes la de su padre, contador de la Marina; su abuelo, el ordenador de la Armada; su bisabuelo, un funcionario del cuerpo administrativo, y su tatarabuelo, un maestro de vela, se transformaba, por deseo de la Señora en un suntuoso palacete.» *

Fue como si de la noche a la mañana hubieran desapa-

---

* Ramón Garriga en *La señora de El Pardo.*

recido el acta de nacimiento, la partida de bautismo y el libro escolar del niño Francisco Franco Bahamonde. Era como si al borrar todo vestigio, toda huella, ese niño nunca hubiese nacido en realidad.

Y la Señora transformó aquella casa en una gran mentira, como el Opus con la del beato Escrivá. No sólo replanteó la distribución interior derribando muros y tabiques, y construyendo grandes escalinatas, sino que instaló un ascensor y la «ennobleció» con muebles y pinturas de valor.

El General, si hubiese sido T. S. Eliot, habría exclamado al contemplar en lo que se había convertido el hogar donde habían nacido él y todos los suyos: «Ruego por nosotros y en la hora de nuestro nacimiento.» Pero a Franco, que era un «tío hipócrita», como le calificó el teniente general García Valiño en una conversación con Fraga el 6 de julio de 1966, a lo peor hasta le gustó lo que había hecho Carmen con su modesta y antigua casa; que los que han nacido en una época sombría no se acuerdan o no quieren acordarse del camino recorrido.

En una ocasión Franco le dijo a don Manuel: «He pasado por Perbes y he visto su casa, muy pequeñita y muy bajita...» Y es que Franco nunca admiró ni lo modesto ni la modestia.

El hecho de que doña Carmen fuera la dictadora del dictador no pueden negarlo quienes les conocieron y trataron, aunque Franco no era persona que se dejara dominar ni influenciar con facilidad. Ya decía Nieto Antúnez que escuchaba, pero no oía.

Y a lo mejor no quiso oír los cantos reales que Carmen le entonaba día y noche, pero sobre todo de noche, a solas, en el dormitorio, respecto al futuro de la nietísima María del Carmen.

El General, en este delicadísimo tema, se anduvo con tiento y nunca hizo caso a las presiones de la oligarquía de las Cármenes que le acosaban para que cambiara el curso de la Historia. De haberse celebrado años antes la boda, cuando la pelota de la sucesión estaba aún en el tejado y tres jóvenes de familia real concursaban para el premio (una corona), no digo que el General no hubiese sucumbido a las presiones de esposa, hija y nieta, pero el año 1971 era ya demasiado tarde para que lo de la «nieta-reina» pudiera ser una realidad a pesar de aquella «boda de Estado».

A lo más que accedió el dictador, ya chocheante abuelo, fue a convertirla en alteza real. Pero doña Carmen no se rendía. Quiso que todo el mundo la reconociera y tratara como una reina. Empezando por ella misma.

Aún recuerdo el día que los novios, María del Carmen y Alfonso, regresaron de su viaje de luna de miel. En el aeropuerto, esperándoles, doña Carmen, que ni corta ni perezosa y de una forma ostentosa, para que todo el mundo la viera —decenas eran los fotógrafos congregados en la pista del aeropuerto de Barajas— hincó su rodilla en el duro asfalto con la más cortesana de las reverencias. Después le estampó un par de sonoros besos.

Esta reverencia no se la hizo ni tan siquiera a la reina Victoria Eugenia cuando regresó para el bautizo del biznieto, ni a la reina Federica de Grecia cuando era soberana. Y mucho menos a Sofía, a la que sólo consideraba una princesa en expectación de destino.

Peor fue lo que montó en el palacio de El Pardo una de aquellas tardes de los miércoles en el transcurso de un «té de señoras» que tanto gustaba organizar y durante los cuales toda su corte estaba en plan de teatro. Espectacular fue la *mise en scène* de aquella tarde a la que había invitado a casi todas las ministras. Una de las presentes, a la que me unía cierta amistad (también con su marido, un ministro muy «azul»), me relató de esta forma aquella insólita, sorprendente, absurda, extravagante, asombrosa y ridícula ceremonia.

—La reunión no tenía nada de extraño. Era una más de las que a doña Carmen le gustaba celebrar en El Pardo. Pero aquel día observé que éramos muchas más de lo habitual, porque unas veces íbamos un grupo y a la semana siguiente, otro. Yo diría que en aquel «consejillo de ministras» presidido por la Generalísima, había casi pleno o al menos mayoría —contaba mi amiga la ministra—. Todas ocupábamos las butacas y los sofás, pero observé que junto a la chimenea de la sala había un sillón que doña Carmen procuraba que nadie ocupara. Me extrañó. Y nos extrañó a todas. Pensé que era para alguna otra señora invitada al té que quedaba por llegar. De repente, se abrió la puerta del salón y entró Mari Carmen, a la que todas conocíamos desde niña y le teníamos mucha confianza. Antes de que a ninguna de nosotras le diera tiempo a saludarla con un beso, como hacíamos siempre, y felicitarla por su viaje de novios, la Generalísima se dirigió a su nieta que, como si hubiese estado ensayado, se había detenido nada más traspasar la puerta, y en vez de darle un beso, vimos cómo la abuela realizaba ante ella una muy cortesana genuflexión. Luego de besarla, la acompañó hasta el asiento que le esperaba mientras todas nosotras, con ojos asombrados, no nos atrevíamos ni a movernos.

—¿Qué hicisteis vosotras? —pregunté a mi amiga.

—¡También eres tonto! ¡Lo que hubieras hecho tú! Hacer lo que la Señora había hecho. Y lo peor es que advertí que a la nieta aquello le gustaba. Se sentía... ¡una reina!

De esta «reina» ya hablaremos en el capítulo dedicado a ella, que ejemplos como éste los hay y a «trece por docena».

Doña Carmen no pudo ver cumplido su mayor deseo: su nieta convertida en reina de España. Incluso antes de morir fue testigo de cómo a ella misma se le retiraban todos los honores y todos los poderes, dejando de ser la Generalísima, la «Señora», a pesar de que el rey Juan Carlos, a quien ella nunca quiso, le concedió un señorío, el de Meirás.

Doña Carmen, ya en su pisito de Hermanos Bécquer, decía suspirando a las pocas amigas que la visitaban:

—¡Menos mal que Paco no ha llegado a ver lo que han hecho conmigo!

Ignoro si a Paco, el General, le importaba mucho lo

que, una vez muerto él, podrían hacer con su Generalísima, a quien once días antes de fallecer, exactamente el 9 de noviembre de 1975, no quiso ni mirar, cuando se debatía entre la vida y la muerte en la ciudad sanitaria La Paz. Así lo relata el doctor Pozuelo, testigo de aquel delicado y tenso momento:

—A los pocos minutos llegó doña Carmen. Le pidió [a Franco] que abriera los ojos. El Generalísimo se encontraba totalmente despierto, pero no quiso abrirlos. Como me ocupaba en aquellos momentos de tomarle el pulso, noté que se alteraba. De nuevo solicitó doña Carmen que abriera los ojos. Tampoco en esta ocasión lo hizo. Se marchó y nos quedamos solos Juanito, Zamorano (dos ayudantes de cámara de Su Excelencia) y yo. Abrió entonces los ojos...

Conocí a un matrimonio amigo que era un ejemplo de pareja entrañable y bien avenida. Siempre juntos, siempre unidos, siempre amorosamente solos el uno para el otro, ya que no habían tenido hijos. Jamás he visto a un hombre más volcado hacia su mujer que aquel amigo mío. Sólo vivía por ella y para ella. Una dolencia similar a la del General obligó su internamiento en una clínica madrileña, y allí se fue agravando tras una serie de intervenciones quirúrgicas desafortunadas. Hombre inteligente, supo que se moría. Y desde ese momento y hasta su fallecimiento, durante varios días, no sólo no volvió a dirigir la palabra a su esposa, que había sido todo para él y con quien había compartido cincuenta años de matrimonio, sino que no quiso volver a mirarla. Y cuando alguna vez la miró, lo hizo con rencoroso desafecto. Era como si el resentimiento que se había ido acumulando en el corazón a lo largo de tantos años de convivencia, esa convivencia que tanto deteriora las relaciones humanas, se manifestara sin pudor a la hora de la muerte.

Y como Franco a doña Carmen, cerró los ojos para no mirarla.

Capítulo XX

NENUCA Y UN SEÑORITO DE JAEN

En el capítulo V, dedicado a la última cacería (de perdices) del franquismo, celebrada cuando al General ya le fibrilaba el corazón, veíamos cómo Cristóbal, el poderoso yernísimo, practicaba el tiro «al rojo», por lo que pudiera venir. Mudo testigo de aquella puesta de largo del nuevo guerrillero de Cristo Rey, fue su esposa, Carmencita, «una mujer discreta», según Fraga; «inteligente, culta y discreta», según el primo Franco Salgado-Araujo, para quien «el marido no llega ni mucho menos a su altura».

En común, Carmen y Cristóbal sólo tuvieron el marquesado y siete hijos, que vinieron al mundo, uno tras otro, bajo la sombra protectora de El Pardo. Allí, bien peinada, bien enjoyada y en su propia cama con dosel lleno de encajes (donde había parido), recibía a las amistades e incluso a la prensa.

Carmen Franco Polo, Nenuca, como la llamaba su familia, era una niña de trece años de edad cuando entró en el palacio de El Pardo y, desde ese día, hasta el 28 de noviembre de 1975, «todo el patrimonio nacional fue suyo».

Nenuca nunca pudo desarrollarse libremente. Primero, porque creció bajo una muy estricta disciplina, mitad palaciega, mitad cuartelera. Con *nannies* francesas, ayudantes militares y escolta mora. Más tarde, pero todavía muy joven, su vida quedó emparedada entre dos personas de mucho carácter: su madre y su marido, que impidieron que aquella muchacha morenita, de ojos grandes y negros, como una modelo de Romero de Torres, pudiera ser nunca ella misma.

Cuentan que razonaba mucho, aunque, como su padre, hablaba muy poco. Con un tono desagradable, agudamente chillón, cuando lo hacía.

Ignoro si por ser hija única, o por ser hija y como es habitual, siempre se sintió más apegada a su padre que a su madre.

De su boda, el 10 de abril de 1950, con Cristóbal Martínez Bordiu, el capitán general Muñoz Grandes dijo: «Franco no ha tenido suerte con la boda de su única hija.»

—Mi padre quiso pegar un braguetazo y vivir lo mejor posible. En eso fue consecuente con su educación de señorito andaluz —diría su hijo Cristóbal a Luis Cantero en una entrevista en *Interviú.*

Ignoro si fue éste el único sentimiento del marqués para casarse con Carmencita. La niña, pretendientes sí que debía de tener, ya que como hija única del Jefe del Estado y dueño de España, un buen partido lo era. Y además, guapa, rica y simpática.

A lo peor, a Nenuca, lo del título nobiliario le impresionó, porque los únicos desaires que había recibido hasta entonces procedían de miembros de la nobleza española, sobre todo de la duquesita Cayetana Alba, casi de la misma edad que Carmencita Franco. Ella, una jovencita que empezaba a pollear, se sintió humillada cuando en la fiesta de su puesta de largo, celebrada en abril de 1943 en el palacio de La Granja, Cayetana, que había sido invitada, ni contestó.

Mayor humillación sufrió cuando Nenuca no fue invitada, el 27 de abril de 1943, a la fiesta de puesta de largo de la también hija única del gran duque de Alba que, además, era embajador de papá. Cuentan que el General envió un mensajero al duque, para que las dos jóvenes se pusieran de largo juntas. «Dígale al General que todavía quedan clases», respondió Alba. Ismael Fuente, en su libro *La Duquesa* *, cuenta que «en una ocasión sentó en tan mal lugar en la mesa durante una comida en el palacio de Liria al marqués de Villaverde, que al terminar ésta, el marqués se lo hizo notar a la duquesa. Cayetana respondió cortante: «Por Dios santo, Cristóbal, ¿quién conoce en París al yerno del general De Gaulle?»

Como es de suponer, ni una ni otra asistieron a sus bodas respectivas. Cayetana porque no quiso, aunque volvió a ser invitada; Carmencita porque no recibió invitación.

La duquesa de Alba ha presumido siempre de que ni Franco, ni ningún miembro de su familia ha puesto los pies en las Dueñas. Ni en el palacio de Monterrey de Salamanca, donde el General fue durante los primeros años de la guerra el virrey. El obispo tuvo que cederle su palacio para que lo habitara e instalara su cuartel general mientras el duque cerraba el suyo, que es el mejor de la ciudad.

Carmencita se consoló buscando sus amistades por otro lado: Neneta Madrigal, hija del ministro Nieto Antúnez; Carmela López Sáez, esposa de un teniente general de Aviación, granadino, por más señas; Margarita Orfila; Maritín March; con ellas compartía y comparte la afición a las cartas, a los viajes sin marido, a la ruleta y a la cirugía estética. Carmen Franco se resiste a envejecer y quiere ser siempre aquella Nenuca que tan unida estuvo siempre a su padre; no hay duda que el General debió sufrir mucho con el yerno que le había caído más que en suerte, diríase que en desgracia.

Es de justicia reconocer que Cristóbal era el único que no le daba coba al suegro, a quien siempre se dirigía con el tratamiento de Excelencia. Franco nunca le bajó el usted.

El marqués desde el primer día de matrimonio se propuso hacer lo que le daba la gana. No sólo con relación a su mujer, sino también a sus suegros. En cierta ocasión,

* Ediciones Temas de Hoy, Madrid, 1990.

estando de vacaciones en San Sebastián, se presentó a comer en el *Azor* a las tres de la tarde, cuando la hora de la comida había sido fijada para las dos. Tanto él como ella habían estado haciendo esquí acuático. Y todos los comensales esperando.

El general Franco Salgado cuenta que Su Excelencia dijo:

—Ya soy viejo y no quiero reñir a los hijos y que guarden un mal recuerdo de mí.

A veces daba la impresión que el marqués era el amo. Y aunque no lo fuera hasta el final, sí que se sentía intocable. «Hasta que de intocable se convirtió en el más tocado», que diría su hijo Cristóbal.

No hay duda que tanto Carmen como su marido, mientras vivió el General, gozaron de todos los privilegios que un ser ambicioso pueda desear. Y abusaron de ellos. Sobre todo Cristóbal, aunque «mi abuelo le tenía atado muy corto» (Cristóbal, júnior, *dixit*).

Sus actuaciones públicas, profesionales y privadas le convirtieron en uno de los hombres más odiados de España. En política no le dejaban meter baza. Ganas no le faltaban. ¡Si le hubieran dado cancha no se sabe a dónde hubiera llegado! En una ocasión, en el año 1964 y con motivo de la huelga minera de Asturias y la detención en la mañana del 26 de abril de parte del comité central del Partido Comunista, entre cuyos miembros se encontraba el hijo de un ministro de Franco, el marqués de Villaverde, dirigiéndose a un grupo de ministros que él consideraba un poquito más liberales, les dijo:

—Ni vosotros los reformistas, ni ese señor [su suegro] estáis gobernando con energía.

Por eso, a la muerte del General, destapó la olla de sus ambiciones políticas sintiéndose guardián del legado de Franco, auto-invistiéndose del poder político que nunca había tenido y tomando decisiones que siempre se le habían negado.

El marqués se aprovechaba de las enfermedades del suegro (afortunadamente sólo tuvo dos y de la segunda murió) para intentar hacerse con el poder político que nunca tuvo.

No hay que olvidar que cuando la tromboflebitis del General en julio de 1974 y ante la gravedad de la situación, Franco traspasó los poderes de la Jefatura del Estado al príncipe Juan Carlos. Pero el marqués, con la colaboración de su suegra, la Generalísima, decidió, pasado el peligro, que Franco tenía que reasumir de nuevo el poder. Y fue él quien, personalmente, se lo comunicó por teléfono al príncipe, Jefe del Estado en funciones, y al presidente del Gobierno, que era Carlos Arias Navarro, cuando tenía que haber sido el propio Franco quien lo hiciera.

En aquella larga agonía del dictador, cuando la Generalísima sólo hacía que rezar y oír misas pidiendo el milagro de que Paco saliera de ésta y pudiera seguir gobernando y el marqués, convertido en portavoz de la familia, maniobraba con extraños movimientos, ella, la hija única y muy amada de aquel hombre a quien no se le permitía ni siquiera morir en paz y con dignidad, tuvo que gritar:

—¡Basta ya! ¡Terminemos con esta cruel agonía!

Desengancharon los tubos y el General expiró. No sabía Nenuca lo que desde ese momento se le venía encima, aunque pudo haber sido peor. Su marido, el marqués, sí lo intuyó. Seis meses después de la muerte de su suegro, sintiéndose depositario de su legado político, quiso ser miembro permanente del Consejo Nacional. Uno de los Cuarenta de Ayete. Y como tal candidato hizo su campaña electoral enviando una carta, que decía: «En memoria del Caudillo, Franco, me he presentado a la elección. Cumple en conciencia con tu deber. Gracias.»

Y no le votó ni la madre que le parió, que las madres hasta en esas locuras siempre apoyan a los hijos.

Incluso fue a ver al Rey, que le animó. ¡Ya fue cruel Su Majestad animándole a hacer tan mayúsculo ridículo! También visitó a Suárez, quien le dijo: «Adelante.» Cuando por detrás se presentaba él y con el mismo motivo: «Defender la memoria de Franco, aunque para ello tenga que echarme al monte si fuera preciso», como le dijo al marqués.

Vaya cinismo y cara que tuvo Adolfo con ese eslogan; además, ganó.

Ello explica la ausencia de Cristóbal en la boda de su sobrino Pocholo Gotor con la hija del duque, celebrada dieciséis años después. Mucho debió dolerle al marqués para que no haya superado el rencor ni con el paso de los años.

¿Ignoraba Cristóbal que la única depositaria del legado político de su suegro era Carmen, su mujer, a quien Franco dictó, a solas los dos, en el despacho, el testamento leído por Arias Navarro en la tele y que cabía en una sola cuartilla, siendo su contenido más del otro mundo que terrenal?

Nenuca fue la única en sufrir con la desaparición del General. Como dice su hijo Cristóbal, «adoraba a mi abuelo. Por ello su muerte fue un golpe muy duro... Todo ha sido muy duro para mi madre. Desde ese día han caído sobre ella muchos golpes...».

Capítulo XXI

EL RELOJ DE LA ABUELITA

Los golpes más duros sufridos por Carmencita en el postfranquismo serían el de «las medallas», el 7 de abril de 1978 y el del «incendio» del hotel Corona de Aragón, el 12 de julio de 1979.

Del primero de estos sucesos poseo una amplísima referencia, debido a que fui uno de los periodistas que la entonces duquesa de Franco, amén de marquesa de Villaverde, convocó en su piso de Hermanos Bécquer para explicar lo inexplicable y justificar lo injustificable.

Hay que reconocer que, a pesar de la maldad de la operación, ésta resultó fallida y fue un fiasco. Yo diría que una chapuza nacional. Aquello no era ni el chocolate del loro de la gran fábrica de chocolate que habían desmantelado y exportado a Suiza. Aquello, y en eso la duquesa llevaba razón, no tenía la menor importancia. Todo es relativo. Se trataba de un «saquito de monedas», recuerdos del abuelito, y no de los *container* que, según se contaba, ya habían salido por tierra, mar y aire.

Admitamos que Nenuca tuvo mala suerte al tocarle en la aduana un cabo, llamado Juan Gómez, que, además de ser un cachondo, debía tener muy mala leche.

—¡Mira que preguntarme qué parentesco tenía yo con

el Generalísimo! ¡Si desde el primer momento sabía quién era yo!

Aquel cabo de la Guardia Civil fue además desconsiderado e irrespetuoso. ¿No sabía él que a los que llevan pasaporte diplomático no se les puede molestar? Para eso se los daban sin ser diplomáticos, que tiene gracia.

—¿Y a usted quién se lo dio? —le preguntaron.

—El Rey —contestó.

Debe reconocerse que Su Majestad se pasó concediendo gracias y mercedes a la familia Franco. ¿Fue un puente de plata? De todas formas, en febrero de 1986 se lo retiraron. A ella y a su marido el marqués.

Aquella, la primera rueda de prensa que había concedido en su vida, ¡tan asustada debía estar!, tuvo lugar en la biblioteca de su hogar, en el que ningún periodista había puesto los pies. Y justo encima del piso donde la señora de Meirás vivía sus últimos días.

Sin duda, le echó valor al decidir torear aquella corrida de Miuras sin compañía alguna de su familia. ¡Que me basto sola! Esa actitud se merecía un respeto por parte de «la canalla» que acudimos bien pertrechados de cámaras, grabadoras, *flashes,* focos y micrófonos.

—Ya saben que yo suelo evitarles a ustedes y que no me gustan las entrevistas.

Fue de agradecer que no dijera que lo que no le gustaba eran los periodistas. También es verdad que ese día no podía permitirse el lujo.

—Aunque no tengo facilidad de palabra, voy a intentar explicarles lo que realmente ha pasado.

La lección la tenía bien aprendida. Por allí, entre bastidores, vi al periodista y amigo íntimo del marqués, Antonio D. Olano, que le habría recomendado humildad, ante todo naturalidad y humildad, que estos chicos no son tan malos, que ahí está hasta el del *¡Hola!,* que tan considerado ha sido siempre con la familia.

—Me molesta la idea de que piensen que soy totalmente tonta si se pretende hacer creer que esto era una evasión de capital.

Tonta, no, pero ingenua, sí. ¿Es que no se había enterado que su padre el General había muerto? Quizá con tanto pacto de La Moncloa y tanto consenso en pro de una convivencia política nacional que había impedido la caza de brujas, la duquesa de Franco creía que todo seguía igual. Por otro lado, bien sabía ella lo que se decía. Considerar aquello una evasión de capital cuando se hablaba de los cientos de millones depositados por la familia Franco en Suiza, era una ingenuidad.

Y contó entonces —escuchar la grabación de la cinta de aquel relato es como para morirse de risa— lo del reloj de la abuelita.

—Yo deseaba hacer con las medallas de mi padre un reloj con la esfera llena de escudos, semejante a este reloj que tienen ustedes ahí, sobre la mesa, y que regalaron a mi madre con la fotografía de los once miembros de mi familia. Yo quería regalarle otro reloj con los escudos que elegí y llevarlo a Suiza, donde un joyero-relojero iba a hacer la obra.

¿Es que la duquesa se había olvidado que su madre, la señora de Meirás, era clienta de Grassy, el más famoso joyero-relojero de Europa, cuyo establecimiento tanto visitaba ella en la Gran Vía madrileña?

Quien organizó la rueda de prensa no dejó un cabo suelto. Todas las coartadas estaban sobre la mesa.

—Aquí pueden ver una carta de una amiga mía suiza, la señora del doctor Gilbert Gross, que el 6 de marzo me escribió diciendo que el joyero Gimmer le decía que no podía darme presupuesto si no llevaba allí las medallas. Por eso decidí viajar a Suiza con las que había elegido.

Tuvo fácil elegir entre tantos miles de medallas de ciudades, pueblos y aldeas. En la colección había una hasta de Guernica, concedida en 1966, aunque posteriormente, en 1978, se la retiraron.

—Ese fue el único motivo de mi viaje. Lo que ocurre es que no conozco bien las leyes.

¿Ignoraba la duquesa que el desconocimiento de esas leyes no exime de su cumplimiento?

Lo más gracioso, aparte de lo del reloj de la abuelita, fue cuando dijo, con su vocecita destempladamente chillona y con la mayor ingenuidad:

—Sé que no puedo sacar al extranjero bebidas, televisores..., pero no se me ocurrió que esas medallas fueran un tema delictivo.

¡Para morirse de risa! ¡Atame esa mosca por el rabo!

También con ingenuidad reconoció que estuvo a punto de pasar sin ser descubierta. Quizá como otras veces.

—Sucedió que, al pasar el detector, indicaba que llevaba metales y que sonaba. Yo saqué una bolsita en la que llevaba envueltas las medallas en papel de seda. Y aunque le chocó, en principio parecía que me dejaba pasar...

«¡Ufff, menos mal!», debió pensar entre sudores de muerte. Y con paso alegre, pero sin correr, para no escamar, se dirigió al avión, y cuando ya estaba para subir, ¡zas!, se presentó de nuevo el cabo. Y como en *El expreso de medianoche*: «¿No le importaría acompañarme a la dirección?»

Resulta increíble esta explicación, por cuanto el oro es un metal que no canta al atravesar la barrera de rayos, pero sí es fácilmente detectable al pasar el bolso por la pantalla. A lo peor, se trató de un chivatazo. ¡Vaya usted a saber! La UCD, por aquello de hacerse perdonar, también se las gastaba así.

En el saquito en cuestión, la duquesa de Franco llevaba sólo treinta y una medallas, pero sobre la mesa ante la que tenía lugar la rueda de prensa había un montón.

—Estas, que estaban en un saquito, y que, en principio, iba a llevar también, las dejé, porque pensé: si son de este tamaño pueden resultarle al joyero demasiado grandes. Y me decidí por otras más pequeñas.

Carmen Franco no quiso decir que no se atrevió porque al ser tan grandes, iban a ser difíciles de pasar. En cambio, las pequeñas era más fácil. Al menos, eso creyó.

Uno de los periodistas presentes en la rueda y a quien, como a muchos otros, no nos estaba convenciendo la historia, preguntó con cierta sorna:

—Pero, ¿tanto le gusta este reloj?

Y volvió a la historia de que en vez de números o retratos como el que tenía su madre era mejor colocar escudos para que quedara una pieza que su madre pudiera contemplar con agrado.

A lo mejor la duquesa tenía razón. Donde esté un escudo que se quite un hijo, un nieto y, sobre todo, un yerno.

—Porque si no haces esto, las medallas las envuelves en papeles, las dejas en un cajón y ahí se quedan —explicó Carmen con la mayor naturalidad.

Sin darse cuenta que donde no tenían que estar era en el cajón de su casa, sino en un museo como patrimonio nacional.

La duquesa explicó:

—Estas medallas se las habían regalado a mi padre y cuando él murió, mi madre y yo las heredamos. El Estado no nos las ha reclamado.

¡Ahí está la madre del cordero! Por culpa de ese consenso en pro de la reconciliación nacional, «pelillos a la mar» y «Rita, Rita, lo que se da no se quita», a los Franco no se les ha reclamado ni esos miles de medallas, ni la correspondencia con Jefes de Estado, ni el archivo, ni los cientos y cientos de regalos, como ese Mercedes Benz GH/W 31 de ocho cilindros modelo único de la casa y regalo de Hitler a Franco el 4 de diciembre de 1939, que es toda una joya de coleccionista.

La duquesa confesó aquel día que ante tanto problema, a lo mejor desistiría de hacer el reloj y que si se decidía, que nunca lo hizo, porque nunca estuvo en ella hacerlo, lo encargaría a un relojero de Madrid.

—Pero si no hago nada, como tengo muchos hijos, las repartiré entre ellos para que tengan un recuerdo de su abuelo.

Ya se encargarán ellos de fundirlas, como hacía la abuela, y venderlas al peso, que es el único valor material que para ellos podían tener.

Cuando se le preguntó por qué viajaba con nombre supuesto, respondió con disgusto:

—No es cierto, no es cierto. Lo que ocurrió es que por cuestión de seguridad en la lista de pasajeros ponía «Sra. de Martínez», que es lo que realmente soy.

O lo que realmente le hubiera gustado ser, porque Carmen, Nenuca, fue siempre una buena chica, muy razonable, que hablaba poco y que cuando era pequeña, fue castigada por haberse quedado con el dinero que su madre, la Generalísima, le había dado un domingo para que lo echara en el cepillo de la iglesia. Con aquel dinero ella se compró un *TBO,* que era una revistilla de cuentos, entre los que es posible hubiera uno que comenzaba así: «Erase una niña muy buena, que quiso regalar a su abuelita un reloj de pared...»

Capítulo XXII

UN SUEÑO QUE PUDO COSTARLES LA VIDA

El segundo gran golpe físico post-franquista a la muerte del General lo recibieron o se lo intentaron dar el 12 de julio de 1979. Un año después del camelleo de las medallas de oro y brillantes de papá, menos la Laureada de platino, esmeralda y zafiros, y el ilegal Toisón, que sólo Dios sabe dónde puede estar.

Si el primero se saldó con una multa que nadie pagó y el mal trago de tener que dar explicaciones —¡ellos que nunca habían explicado nada!—, el segundo a poco les cuesta la vida. ¡Ya tuvo gracia que fuera por nada!

La culpa la tuvo Cristóbal, Jr., el cuarto hijo de los marqueses de Villaverde y el único de los tres nietos del General que intentó seguir la senda militar, decisión que llenó de alegría a la abuela y a mamá.

Hay acontecimientos en la vida de todo muchacho que no serían tales si no contaran con la presencia de la familia en pleno: padres, hermanos y abuelos, si los hubiere. Estos acontecimientos suelen ser el bautizo, la primera comunión, la graduación escolar, la jura de bandera, la boda y la entrega de despachos. Todos ellos irrepetibles, menos la boda. Y por serlo, gozan de tanto poder de convocatoria familiar.

Cierto es que los Franco y los franquistas hubieran preferido que el protagonista de aquella ceremonia en la Academia General Militar de Zaragoza, que en su día dirigió el abuelo hasta que Azaña la cerró, hubiese sido Francis, el mayor. No en balde a la criaturita le alteraron el orden natural de sus apellidos para que se llamara Francisco Franco lo que le convirtió, por ese cambio, en hermano de su madre, hijo del abuelo, sobrino de su padre y primo de sus hermanos.

Pero se tuvieron que contentar con un Martínez, que había tenido un sueño en el que se había visto con el uniforme de teniente. «Y como el sueño se repitió durante dos meses, tomé la decisión de ingresar en la Academia.» ¡Toda una razón vocacional!

A la marquesa le agradó que alguno de sus hijos fuera militar, como el abuelo. Y a la abuela para qué decir. Fue a quien más ilusión le hizo. El único que no se lo creyó, entre otras cosas porque le daba igual lo que hicieran los hijos, fue el marqués.

—Seguro que vas a estar dos semanas y luego te vas —le dijo al conocer la noticia.

Pero se equivocó. Sólo a medias, porque aquel 12 de julio de 1979 la abuela, los padres y dos de los hermanos, Jaime y Arancha, hicieron lo que muchos abuelos, padres y hermanos de los cadetes que iban a recibir los despachos: viajar a Zaragoza en patriótica peregrinación.

El lujoso hotel Corona de Aragón fue elegido como cuartel general de aquella tropa. Nunca mejor dicho.

Un incendio, casual o intencionado, que después de más de trece años y seis mil folios de sumario, nadie ha sabido o atrevido a pronunciarse, se llevó a setenta vidas, aunque, a lo peor, si hubo una mano criminal, con una sola se hubiera dado por satisfecho.

—Aquello fue un atentado contra mi familia... Las llamas comenzaron simultáneamente debajo y encima de la habitación de mi abuela —declaró el alférez Cristóbal.

Este incendio demostró que el marqués y la marquesa no dormían juntos. Mientras la señora de Meirás, su hija

Carmen y los nietos, Jaime y Arancha, ocupaban cuatro habitaciones contiguas del cuarto piso, Villaverde dormía en una individual del tercero.

Los incendios, si son nocturnos, a veces descubren las miserias de muchas vidas. Y no porque sorprendan en camisón, en calzoncillos o desnudos como venimos al mundo.

Recuerdo cuando era niño el pavoroso incendio que se declaró en una lujosa mancebía de Granada, eufemísticamente llamada casa de citas y popularmente conocida por casa de putas. El fuego se prolongó durante horas y afectó incluso a varios edificios colindantes, lo que permitió que muchos curiosos, sabedores de la actividad de aquella casa, que todo el mundo conocía por el nombre de La Bizcocha, pretendieran saber qué granadinos conocidos, importantes e ilustres se encontraban «folgando» cuando se declaró el incendio. Aún se recuerda con malicia cómo se las vieron y desearon los bomberos para bajar a través de su escalera a uno de los clientes que, para no ser identificado por el público allí congregado, se había envuelto en una sábana. Cuando la multitud vio aquel «fantasma», comenzó a gritar entre risas: «Si es Merengue, ¡el muy sinvergüenza!» Se trataba de un granadino muy importante, apodado así por ser el dueño de una cadena de confiterías, de cines y teatros, que pesaba nada menos que ciento cincuenta kilos. Y por culpa del incendio, toda Granada, una ciudad muy especial, supo ese día que Merengue estaba de putas.

Aquella peregrinación al Pilar de la familia Franco no le reportó más milagros que haber salvado la vida, que no es pequeño milagro, y seguir viviendo después de haber salido con ayuda de bomberos de aquel infierno en llamas, porque ni la virgen patrona de España pudo evitar que cuando el teniente Martínez Bordiu Franco despertó del sueño, se encontrara con la pesadilla de la dura y monótona realidad militar. Así que ni corto ni perezoso y sin esperar siquiera llegar a capitán, colgó el uniforme y dijo adiós a las armas. Sin importarle abuela, padres y hermanos, que si habían ido a Zaragoza había sido porque habían querido.

El joven ex oficial, cuando decidió «desertar», no lo consultó con su madre. Y menos con su padre, que estos niños, los siete, se han criado como si fueran huérfanos. Ni la marquesa ni el marqués fueron nunca buenos padres.

—Con los hijos, por lo menos mi padre, no quiso problemas. Y cuando ibas a contarle cualquier cosa, se escapaba por la tangente... Siempre que iba a consultarle un problema grave o que a mí realmente me importaba, ha huido de ellos —confesaba Cristóbal a Luis Cantero hablando de su padre.

A la marquesa, salvo en aquellos reportajes en familia que yo le hacía en el palacio de El Pardo, casi nunca se la ha visto con sus hijos, unos hijos que poco o nada han logrado sacarle ni a ella ni a Cristóbal, que los dos tienen fama de ser muy agarrados.

Nunca he sabido si el doctor Martínez Bordiu realizó las fotografías de la agonía de su suegro el General, de las que hablábamos al comienzo del libro, por motivos profesionales discutibles, puesto que si estaban destinadas a un posible estudio científico, con haber fotografiado el campo operatorio, habría sido suficiente, que es lo que se hace.

Pero mucho me temo que el dinero fue el móvil de aquella falta de deontología y respeto, porque cuando vio las terribles imágenes, imágenes que él había obtenido, publicadas en *La Revista,* además de insultarme, no se le ocurrió otra cosa que querellarse contra mí por hurto. Como si yo se las hubiese robado. Bien sabía él que no, que las suyas muy guardadas debía de tenerlas en alguna caja fuerte esperando la ocasión.

¿Ustedes recuerdan al íntimo colaborador del General que me había vendido las dichosas fotos y que a punto estuvo de morirse de un infarto, arrepentido de la traición que él consideraba había hecho a su jefe, el general Franco, a quien tan fielmente sirvió a lo largo de treinta y dos años? La cafinitrina, en forma de millones, atenuó aquel dolor de corazón, pero cuando conoció por la prensa que el marqués me había demandado y me llevaba a los tribunales, creyó volverse loco en su dorada jubilación costera.

Y volvió a sonar el teléfono. De día, de noche y de madrugada. Estaba aterrado ante el temor de que le delatara, que me obligaran a decir el nombre del vendedor. No le tranquilizaba que le dijera que pensaba acogerme al secreto profesional.

—Si le llevan a la Dirección General de Seguridad en la Puerta del Sol, acabará usted cantando. Usted no les conoce. Quien entra allí, lo confiesa todo. ¡Si yo le contara...!

El pobre hombre, que por sus años de servicio junto al General, mucho debía saber de represiones, interrogatorios y torturas, ignoraba —que ya eran ganas de ignorar— los trámites de una demanda.

—¿Pero no se da usted cuenta que le ha denunciado por ladrón? ¿Cómo se va usted a defender?

Volví a repetirle lo del secreto profesional, pero como en su época no existía, ignoraba lo que era. Para mayor tranquilidad quiso volver a entrevistarse conmigo. Y como yo no tenía tiempo de viajar hasta la costa, me propuso que nos viéramos en Aranjuez. El pobre no se atrevía ni a entrar en Madrid. En su demencia, pensaba que a lo peor se encontraba a alguien que le iba a preguntar qué hacía allí. Y se lo iban a leer en la cara. Así que nos citamos en el restaurante La Rana Verde. Pero tampoco quiso entrar. Lo hizo su hija, que me llevó hasta donde él estaba, temblando de miedo. Si no hubiera sido tan patético, ganas daban de reír.

No creo que mis argumentos le convencieran mucho, ya que antes de despedirnos éstas fueron sus últimas palabras:

—Si usted me descubre, me mato.

No hubo necesidad. Por un lado me correspondió uno de aquellos jueces de Justicia Democrática. Por otro, el marqués no estuvo bien asesorado. Reconoció que sabía que yo no le había robado las fotos, sólo quería saber el nombre de quién me las había vendido. También es cierto que yo tuve un buen abogado, la letrada se llamaba Cristina Peña.

No sólo gané el juicio, sino que al yernísimo del General le condenaron a pagar las costas, porque el juez consideró que había incurrido en el delito de falsa denuncia. Y no lo empapeló porque pensó que era mejor cerrar el caso y tener la fiesta en paz. Sobre todo, desde que la revista alemana *Stern* declaró aquellas reveladoras imágenes como las «fotos del año».

Del acobardado «traidor» nunca supe si se había llegado a suicidar, si había fallecido de muerte natural o seguía gozando de su jubilación a la que yo contribuí para que, económicamente, fuese más llevadera. Porque pagar, el General siempre pagó muy mal a sus colaboradores y compañeros de armas: una condecoración en el 18 de julio o el 1 de abril, fechas emblemáticas del régimen, era la recompensa más habitual por los servicios prestados. Ellos no se quejaban. Lo malo fue lo que les deparó la vida, después de morirse ellos, a sus viudas y huérfanos. Una pensión verdaderamente exigua era por lo general la única herencia, lo que les quedaba a estas mujeres y a estos niños que, de la noche a la mañana, tenían que hacer más números de los habituales para llegar a fin de mes. Y es que la pensión no daba para mucho. De ser esposa de ministro o de general, con todo el prestigio social y el poder que conllevaban en aquella época, se pasaba de la noche a la mañana a engrosar las largas listas de viudas españolas, sin más.

El General sabía lo que estas señoras, muchas de ellas íntimas amigas de la Generalísima, percibían como clases pasivas. Por poner tan sólo un ejemplo, las tres mil trescientas treinta y tres pesetas que le quedó de pensión a la viuda del capitán general, bilaureado, García Escámez, marqués de Somosierra y Medalla Militar Individual, fallecido en 1960.

Acosadas por necesidades económicas, estas excelentísimas e ilustrísimas viudas solicitaban ayuda al General, que no dudaba en concederles un estanco o una administración de lotería a modo de medalla póstuma para su marido o sus padres.

Hoy, casi todas las loteras de Madrid son excelentísimas señoras. Lo de «excelencia» no es precisamente por ser loteras, sino por ser las viudas del general Juste (La Pajarita/Puerta del Sol); Rodríguez de Valcárcel (María Victoria Gavilán Alonso/Alonso Cano, 59); Fernández Miranda (María del Carmen Lozano Abeo/Cuatro Caminos); García Escámez (Carmela López Sáez, La Chata/Gran Vía, 30); Queipo de Llano (su nieta, Ana María Quevedo Queipo/Antonio Acuña, 3); Lacalle Leloup (su hermana, Concepción Lacalle Leloup/Príncipe de Vergara, 203); Franco Salgado-Araujo (su sobrina, Mercedes Franco Salgado-Araujo/Carlos Martínez Alvarez, 81); López de Letona y Núñez (hermana del ex ministro López de Letona/Fernando el Católico, 61); General Mola (Dolores Mola Rascón, hija del heroico militar, Cedaceros, 2); almirante Moreno, ex ministro (Mercedes Vierna, La Vaguada), entre otras.

¡Qué tropa la del General!

Capítulo XXIII

«UN RAYO DE SOL ESPAÑOL EN LA NOCHE POLAR»

Mientras la reina Victoria Eugenia vivió, los protagonistas de este culebrón histórico siguieron interpretando, de buen o mal grado, los papeles que el destino les había asignado. Franco, el dictador, se mantenía en El Pardo, como venía haciendo desde 1940, sin pronunciarse. Don Juan, siendo hijo y nieto de rey, esperaba en Estoril ser un día también rey. Juan Carlos, en La Zarzuela, interpretaba varios papeles: hijo amadísimo y fiel de su padre y heredero, por un lado; por otro, concursante «solo o en compañía», para desplazar al padre, porque el dictador así lo quería. Alfonso, de conspirador contra el heredero y el hijo del heredero. Y María del Carmen, de nietísima del director de esta extraña orquesta en la que ninguno de los componentes sabía qué instrumento tocar para no desafinar y cabrear al «Von Karajan» español.

¡Qué poder subliminal tan grande el de la última reina de España!

Pero cuando ella muere, el 15 de abril de 1969, el dictador se pronuncia. Juan Carlos gana. Don Juan pierde. Alfonso se queda con la nietísima y la nietísima, corta de luces ella, se cree el cuento de la Cenicienta y el príncipe azul... del Movimiento y se ve reina de España.

Conocerse, lo que se dice conocerse, Carmen y Alfonso no se conocían. Alfonso recuerda haberla visto una vez que acudió a comer a El Pardo y le llevó una caja de bombones porque ella cumplía trece años. Y otro día, que coincidió en un cine de Lausanne, donde en aquella época Alfonso vivía junto a su abuela y Carmen aprendía idiomas después de haber finalizado los estudios de bachillerato en el colegio de Santa María de las Nieves de las Madres Teresianas, en Somosaguas. Pienso que aquel día ni debió decírselo a su abuela, que tanto odiaba al abuelo de la niña.

Dice el proverbio árabe que lo que tiene que pasar escrito está. Pero si la reina Victoria Eugenia hubiese vivido aquel 8 de marzo de 1972, su nieto Alfonso, el preferido por ser el más desgraciado, no se hubiera atrevido a casarse con la nieta del dictador, aunque ese matrimonio hubiera servido para conseguir el trono. «Ena» tenía mucha dignidad y además sabía que, aunque al viejo General le dijo aquello de «ya tiene tres Borbones donde elegir», estos tres eran padre, hijo y nieto. Y ninguno más. Eso sí que estaba escrito desde el 11 de junio de 1933, cuando su hijo Alfonso, el príncipe de Asturias, decidió casarse con la cubana Edelmira San Pedro. Y como la Pragmática del 13 de marzo de 1776 impide ser heredero por el mero hecho de contraer matrimonio morganático, tuvo que renunciar a sus derechos, que recayeron en el segundo de sus hijos, Jaime. Por ser disminuido físico, también renuncia once días después, concretamente el 21 de junio, a sus derechos. Si no lo hubiera hecho entonces, también los hubiera perdido, ya que el 4 de marzo de 1935 contrae matrimonio morganático con Emanuela Dampierre. ¿A qué espera el rey Juan Carlos para derogar la dichosa Pragmática?

La renuncia de Jaime fue en estos términos: «Renuncio formal y explícitamente por mí y por los descendientes que pudiera llegar a tener a cuantos derechos me asistiera en la sucesión al trono de nuestra patria.»

Después de la renuncia de los dos hijos mayores, el rey Alfonso XIII envía un telegrama a su tercer hijo, Juan, que se había desentendido del tema y había abrazado la carrera de marino. Le localiza en Bombay a bordo del crucero británico *Enterprise.* «Por renuncia de tus hermanos mayores, quedas tú como mi heredero. Cuento contigo para que cumplas con tu deber.» Más claro, el agua del avellano.

Todos los actores de este culebrón lo sabían: el General, don Juan, por supuesto, Juan Carlos y Alfonso. La niña a lo peor, no, pero los papás y la abuelita, la del reloj, sí.

María del Carmen, tras aquel encuentro ocasional en Lausanne, regresa a España dominando, desde luego, el francés, del que tan buen uso había de hacer, años más tarde, para entenderse con un amante aventajado en edad, un exquisito anticuario parisino con fama de «atleta sexual», según Joaquín Bardavío *. También por supuesto el inglés, que para eso ha estado en una academia de idiomas en Suiza. Y como era quien era, entró en Iberia sin oposición por la puerta grande, con el cargo de secretaria de dirección.

Y surge el primer gran amor. Se llama Jaime Rivera, un gran jinete, hoy al frente de la hípica española. Parecían una pareja feliz, pero sólo parecía. El, acostumbrado a los caballos y a su doma, quiso domar a la nena, caprichosa ella, de situación privilegiada, sin conocimiento real de la vida, poco madura, irreflexiva y ligera. Dicen que incluso, para conseguirlo, más de una vez le sentó la mano. Pero sólo consiguió, recurriendo a estos procedimientos de domador, que aquellas relaciones fueran desgraciadas y tormentosas.

Pero para eso están los amigos, cuando éstos son de verdad. Se llamaban Fernando Baviera Mesía de Borbón y de Lesseps y su esposa la rica catalana Sofía Cecilia de Arquer y de Arís. No una sino cien fueron las veces que Fernando y Sofía tuvieron que intervenir y mediar ya fuera para consolar, ya fuera para reconciliar a la pareja. Fernando, sobre todo, llegó a convertirse en «el hombre bueno», en el intercesor, tanto de Jaime como de Mari Carmen y

* Joaquín Bardavío, *La rama trágica de los Borbones,* Plaza y Janés, Barcelona, 1989.

—¡oh, misterios inescrutables del corazón!— fue sustituyendo al iracundo jinete en el de la niña. Tanto llorar en su hombro las penas del amor, que al fin se enamoró del amigable componedor. ¡Suele ocurrir y con qué fuerza!

Aquello ya no fue amor, fue pasión. En esto de enamorarse la nieta debía de ser facilona. Y como la pasión suele ser ciega, ni Fernando ni Mari Carmen veían lo que todo el mundo estaba viendo: a ellos juntos en la estación de ski de Sierra Nevada, juntos bailando en el Mau-Mau, juntos en Jockey, en el Club 31 y juntos de allá para acá en los lujosos coches deportivos de Fernando, a quien siempre le han gustado mucho los Portches, los Triumph, los Maseratti y los Mercedes. En el paseo de la Castellana tiene un establecimiento comercial del ramo que lleva su nombre: Baviera.

La relación de la nieta del General con el primo del entonces príncipe Juan Carlos llegó a ser tan escandalosa en aquel Madrid de finales del 70 y principios del 71, que hasta tuvieron que intervenir las altas instancias.

Un día, Su Excelencia el Generalísimo llamó al despacho de El Pardo a su muy protegido príncipe Juan Carlos, a quien ya había elegido su sucesor frente a otros el 22 de julio de 1968 para pedirle que, como jefe de la familia real española (en realidad, era don Juan), arreglara este delicado y escabroso asunto ordenando a su primo que dejara a su nieta en paz. ¡Vaya trago! Hasta por éstas tuvo que pasar el hoy rey de España para llegar a serlo.

Más violenta fue la intervención del marqués de Villaverde, que al coincidir en una cena con Tessa de Baviera, hermana de Fernando, no se le ocurrió otra cosa —¡y precisamente a él!— que dirigirse a Tessa, que también tiene su carácter, en términos irreproducibles.

El marqués le puso a la princesa la respuesta en bandeja.

Y así estaban las cosas de alteradas cuando en el mes de septiembre de 1971 el doctor Martínez Bordiu es invitado a un congreso médico en Estocolmo, donde —¡oh, casualidad!— estaba de embajador Alfonso de Borbón, canonjía que le habían regalado en enero de 1970 como

Carmen Martínez Bordiu en su época de noviazgo con Jaime Rivera, con quien estuvo a punto de contraer matrimonio. Tras el rompimiento de estas relaciones, la nietísima mantuvo un conflictivo romance con Fernando de Baviera. En la fotografía de la derecha, espectacularmente bella durante una fiesta en Nueva York. Esta imagen causó gran impacto.

Saliendo al paso de posibles especulaciones o noticias escandalosas, que pueden tener origen en la situación personal nuestra, conjuntamente nos consideramos obligados a explicar - de una vez para siempre la determinación a la que libremente - hemos llegado de separarnos legalmente.

Ante todo el supremo interés por nuestros hijos, nos - obligó a resolver de una forma amistosa y legal nuestras situaciones personales.

Las razones por ser íntimas quedan para siempre en -- nuestra conciencia.

En la foto de la izquierda, Julio Iglesias e Isabel Preysler el día de su boda y el documento de su separación siete años después.
Arriba, Alfonso y María del Carmen con la señora de Madrigal, hija de Nieto Antúnez, antes de la boda. Abajo, la pareja, ya marido y mujer, con la marquesa de Villaverde.

Mari Carmen el día de la ceremonia de petición de mano celebrada en El Pardo.

Este modelo del modisto Miguel Rueda, especialmente creado para la petición de mano, acabó en una tienda de ropa usada en El Rastro y desplumado.

La nietísima llegó a creerse que era la futura reina de España. Como tal era recibida y agasajada en algunos sitios. Abajo, Alfonso, María del Carmen y los marqueses de Villaverde con Salvador Dalí en la gran bufonada protagonizada en el Museo del Prado, donde dio la última pincelada al cuadro ecuestre de la «princesa» María del Carmen.

Mari Carmen con su primer hijo, recién nacido. Doña Carmen se pasaba el día preguntando «si le habían dado el biberón al "señor"».

Juan Carlos y Sofía, los hoy reyes de España, y Alfonso y María del Carmen, que lo pretendieron ser. La foto fue tomada durante el entierro del infante don Jaime, padre del duque de Cádiz.
Abajo: a pesar de esta imagen, la felicidad del duque fue cruelmente efímera y terminó el día en que Mari Carmen le dijo sin contemplaciones: «Mañana voy a abandonarte.»

premio de consolación por su buen comportamiento, al no haber incordiado el día que el General se pronunció por su primo Juan Carlos como sucesor a título de rey (22 de julio de 1969) en su propio perjuicio. Dicen también que para alejarlo de Madrid. Fuera por lo que fuese, allí estaba desempeñando a satisfacción el cargo ante la corte del rey Gustavo Adolfo. Villaverde llamó a su amigo el embajador y le anunció el viaje que iba a realizar en compañía de la marquesa, del doctor Parra, su bellísima esposa, los ojos más bellos de todo Madrid, y Alicia Villate.

Después de esta llamada telefónica, algo debió cocerse en El Pardo entre la marquesa, el marqués y la abuela, que tan disgustados estaban los tres con lo de Jaime Rivera y, sobre todo, con lo de Fernando Baviera, que habían dejado a la niña para el arrastre.

A qué conclusión debieron llegar abuela, hija y yerno en sus maquinaciones a tres bandas para que, de repente —¡eureka, lo hemos encontrado!—, Cristóbal volviera a telefonear a su amigo el embajador para preguntarle:

—¿Te importa que venga también mi hija María del Carmen?

Y allí que se fueron todos a Estocolmo con Iberia, vía Copenhague.

Alfonso no permitió que ni los marqueses ni su hija se alojaran en otro lugar que no fuera la Embajada.

¿Qué ocurrió entre aquellos muros de la representación diplomática en los días de turismo por Suecia y Finlandia?

Alfonso, en sus *Memorias,* lo resume de una forma muy cursi y romántica:

—De pronto, en la noche polar, la vi aparecer como un rayo de sol español. (Siempre tan patriótico él.)

¿Se enamoró tan perdidamente como dice?

—Cuando nos encontramos, Alfonso manifestó su intención de mantener relaciones conmigo. Yo tuve tantos problemas y dificultades por parte de mi padre por salir con un chico normal, que no conociendo yo a Alfonso en la intimidad, se me dieron tantas facilidades que me vi como liberada... Aunque tuve poca participación en este noviazgo... No llegué ni a conocerle como era por la brevedad del noviazgo..., pero yo quería acabar con todos mis problemas —declararía Carmen bajo juramento en el Tribunal de la Rota, que incoaba su proceso de separación y nulidad.

A los quince días de aquel primer encuentro, Carmen volvió a Estocolmo. En esta ocasión, ya sin sus padres. Solamente en compañía de la señora de Madrigal, hija del almirante Nieto Antúnez, entonces ministro de Marina. El motivo de aquel viaje: llevar el «sí». Su padre, el marqués, así se lo había aconsejado.

—No sólo mi padre, sino todo el mundo estaba loco de contento —confesó al Tribunal.

Coincidí con Carmen en el avión. Y juntos hicimos el viaje hasta Estocolmo. Yo, que la conocía muy bien, la encontré aturdida, nerviosa, deslumbrada, tal vez ilusionada por convertirse en princesa, pero, sobre todo, liberada, que es lo que primero deseaba. Después...

Para evitar a la prensa que había comenzado a llegar a la capital sueca, Alfonso, siempre tan frío y distante, no acudió al aeropuerto. La recibió en la Embajada, cuyas puertas se cerraron a cal y canto.

Desde ese preciso momento Mari Carmen, veinte años, y Alfonso, treinta y tres, se convertían oficialmente en prometidos.

—Esperemos que sea para bien —dijo el General al conocer la noticia.

Doña Carmen, simplemente, estaba extasiada: «La nieta se casaba con el remoto recambio, pero recambio al fin.» *

—Alfonso vio en mí la esposa ideal para su vida, y aunque lo haya negado siempre, he pensado que, aunque no fuera un oportunista, sí experimentó una cierta ilusión y ambición dentro del gran fracaso que había sido su vida —declaró ella en el proceso.

Alfonso confesaría en sus *Memorias*:

---

* Joaquín Bardavío, *La rama trágica de los Borbones.*

—Me pareció que reunía la ventaja de que no se atreverían a atacarla los que siempre me habían atacado a mí. Estaba seguro de que me casara con quien me casara, me atacarían, a mí y a mi futura mujer. Y pensé que siendo Carmen la nieta del Jefe del Estado, no lo harían.

No niego que se enamoraran, aunque sospechosos intereses sí que había. Se mirara por donde se mirara, aquél era un noviazgo politizado.

—Mi esposo estaba encantado porque conocía desde hacía muchos años a Alfonso y estaba ilusionado. Quiero matizar al Tribunal —declaró la marquesa de Villaverde, testigo propuesto por su hija— que no hubo presiones por parte de mi marido, aunque sí una influencia grande en favor de este matrimonio... Yo le advertí a mi marido varias veces —puntualizó Carmen Franco— que me daba verdadero miedo esta boda por la inmadurez de mi hija y lo poco que se habían tratado.

Tan poco, que a los tres meses del «sí» de la niña, el 20 de diciembre, se anunciaba el compromiso y tres días después, el 23, tenía lugar la ceremonia de petición en la que se fijaba el 8 de marzo de 1972 para la boda. ¡Nunca tanto en tan poco tiempo!

Ya con el anuncio de este compromiso realizado por don Jaime desde París, comenzarían los problemas de los títulos:

«Por orden del príncipe, el secretario del duque de Anjou, de Segovia, jefe de la Casa Real de Borbón, tiene el gran honor y alegría de anunciar oficialmente la boda de Su Alteza Real el príncipe Alfonso, duque de Borbón, embajador de España en Suecia e hijo mayor del príncipe, con la señorita María del Carmen Martínez Bordiu y Franco, hija del marqués y de la marquesa de Villaverde y nieta de Sus Excelencias, el Jefe del Estado español y de doña Carmen Polo de Franco. La ceremonia oficial del compromiso tendrá lugar el 23 de diciembre de 1971 en el palacio de El Pardo de Madrid.»

Capítulo XXIV

EL TRAJE DE PEDIDA, EN EL RASTRO Y DESPLUMADO

Como es fácil advertir, en el anuncio oficial del noviazgo por parte del padre del novio no había un tratamiento ni un solo título que fuera correcto. Ni don Jaime era jefe de la Casa Real, ni su hijo Alfonso alteza real, ni príncipe, ni duque de Borbón. Sólo «excelentísimo señor» por ser embajador de España.

El General, que hasta entonces se había comportado con discreción, sin intervenir, que se sepa, en la conspiración familiar, quizá porque estaba ya chocheando o simplemente porque quería para su nieta los máximos honores, pretende que el Consejo del Reino informe sobre el matrimonio y que sean las Cortes quienes lo aprueben, según el artículo XII de la Ley de Sucesión. Como si aquello fuera la boda de un heredero.

Es el propio príncipe Juan Carlos quien convence a Franco que no corresponde. Y aunque el General «escucha pero no oye», en esta ocasión debió oírle bien, ya que no volvió sobre el asunto, pero como Su Excelencia sabía que Alfonso no tenía derecho a utilizar el título de príncipe, consulta al ministro de Justicia, que entonces era Oriol, la posibilidad de otorgárselo. La respuesta es negativa.

Ello no fue obstáculo para que la familia hiciera lo que

le diera la gana. En las participaciones de boda que salieron del palacio de El Pardo, al novio se le daba el tratamiento de alteza real y el título de príncipe. Y ello con el consentimiento de Franco, que llegó a decir que le querían quitar el título sólo porque se casaba con su nieta.

Mientras en las alturas se discutía si eran galgos o eran podencos, la novia se preparaba para la fiesta de su pedida. Durante esos días se olvidó que había accedido a todo esto no como fin, sino como medio, y prefirió creerse incluso que estaba enamorada. Lo primero que hizo fue acudir a casa de su modisto Miguel Rueda, cuyo taller se encontraba, y lo sigue estando, en Hermanos Bécquer, 5, frente por frente a la casa de los Villaverde en el número 8.

—¿Ahí es donde vive la marquesa de Villaverde? —le preguntó un día la princesa Sofía, que también era clienta, mirando por la ventana.

—Nunca he estado en esa casa.

El taller de costura estaba en un piso que había pertenecido al teniente general Barroso, jefe que había sido de la Casa Militar de Franco. Tanto la abuela doña Carmen, como su hija, la marquesa, eran clientas desde 1962. A probarse acudía siempre la señora acompañada de la marquesa de Huetor de Santillana, esposa del jefe de la Casa Civil del General y de la que ya hemos hablado como una de las más fieles cortesanas de la Generalísima. Tan cortesana que en una ocasión en que el famoso modisto granadino le estaba probando un traje, exclamó en un arranque de ridícula adulación:

—¡Qué guapa estás! ¡Te pareces a Grace Kelly! [¡Que ya había que ser pelota!]

—¡Pura, por favor...! —le respondió doña Carmen azarada, pero posiblemente complacida.

Aunque Rueda era, y es, un modisto de alta costura, la marquesa de Villaverde ya llevaba allí a su hija Mari Carmen cuando ésta sólo tenía trece años. Le habían regalado a la hija de Franco una pieza de seda durante una visita a una fábrica, y decidió que Miguel Rueda les estuviese haciendo trajes a ella, a Mari Carmen y a Mariola hasta que la pieza se acabara. Desde ese día la niña se convirtió no sólo en clienta, sino en amiga. A veces cruzaba la calle con los trajes bajo el brazo para que se los reformara. La amistad llegó a ser tan íntima, que incluso le pedía trajes prestados a Auri, hermana del modisto.

—Miguel, mañana tengo que ir al aeropuerto a recibir a Alfonso que regresa de Estocolmo. Necesito que me prestes un abrigo.

El modisto no tenía ninguno terminado que le pudiera dar. Sólo uno de su hermana, negro con las mangas de zorro. Todo negro. A los tres días Mari Carmen volvió al taller.

—Miguel, a Alfonso le ha gustado mucho. No le he dicho que me lo habían prestado. Véndemelo..., pero barato.

Lo que yo no sabía hasta que Rueda me lo contó es que la relación de Mari Carmen con Jaime Rivera, su primer novio, estuvo a punto de acabar en boda antes de que terminara como el rosario de la aurora. Hasta tenían ya construido el chalet que iban a habitar.

—Estaba ya decidido que yo le haría el traje de novia.

Aunque no le hizo este traje, por razones obvias, ni tampoco el que llevó para casarse con Alfonso, que lo diseñó Cristóbal Balenciaga, como a su abuela y a su madre, sí le encargó el de pedida.

—Un día se presentaron en el taller la marquesa y su hija con una bolsa llena de plumas, de esas de gallo teñidas que habían comprado en Nueva York. Eran de color rosa. Querían que le hiciera a Mari Carmen un traje muy especial, pero no soltaban prenda. Después de darle muchas vueltas, me dijeron que se trataba del traje de pedida.

—Me caso con Alfonso de Borbón.

Aquel traje, como primicia, fue portada de *¡Hola!* Por algo Miguel Rueda era amigo y paisano. Habíamos crecido juntos en el mismo barrio de Granada. Por otro lado, Carmencita me tenía cierta simpatía, ya que la conocía desde que era muy niña.

El traje, todo él en función de las dichosas plumas, que

ribeteaban el bajo de la falda hasta el tobillo, que marcaba el largo del vestido, era una creación maravillosa de alta costura y fue el vestido más fotografiado aquel año junto con el de la boda.

Dos años después, Miguel vio este vestido, «porque vinieron a decírmelo», colgado de un clavo en una tienda de ropa vieja en el Rastro. Eso sí, desplumado. Antes de venderlo, ya se encargaron de arrancarle las plumas. De una en una, aunque no valían nada porque eran de gallo.

Triste fin para un modelazo de alta costura diseñado para una fiesta, como la de pedida de la nieta de Franco, una fiesta que contó con la presencia del Gobierno en pleno, de los príncipes Juan Carlos y Sofía y la familia real de Grecia: la reina Federica —a quien tanto le preocupaba el incierto futuro de su hija—, el depuesto rey Constantino, su esposa, la reina Ana María y la princesa Irene, quienes se encontraban en Madrid aquel 23 de diciembre porque era víspera de Nochebuena, y la Navidad siempre la pasaban con Sofía y Juan Carlos. Y más ese año, que unas imprevistas circunstancias «reabrían un tema que se creía definitivamente cerrado y añadía una inquietud inútil» en los príncipes Juan Carlos y Sofía.

No sé si fue después de esta cena de pedida, en la que se vio que Alfonso había entrado por la puerta grande de El Pardo y de la familia Franco, o después del día de la boda, cuando Juan Carlos sorprendió a Sofía haciendo las maletas, porque «aquí ya no tenemos nada que hacer».

Y se aproximaba el día de la boda, que aunque según Fraga «no rebasaba el nivel de la anécdota importante, pero también era típica de un fin de época», lo cierto es que en España y, sobre todo, en Madrid, no se hablaba de otra cosa.

Los novios, Alfonso y Mari Carmen, estaban en todas partes, agasajados por todo el mundo, presidiéndolo todo en la primera página de todos los periódicos y todos los días. Incluso aparecieron numerosas pintadas en las que podía leerse: «¿Por qué una reina extranjera si podemos tener una reina española?»

¡Lo que se debía estar sufriendo en La Zarzuela sólo es comparable con lo que se debía estar gozando en El Pardo! Allí se estaba confeccionando la lista de invitados. «Este sí, éste no, aquél tampoco, éstos sí.» Todo el mundo quería estar en aquella boda.

Mientras tanto, Salvador Dalí, un miserable que lo mismo era republicano o franquista que monárquico, que se alegró del fusilamiento de Federico García Lorca y felicitó a Franco por los fusilamientos de septiembre de 1975, daba la última pincelada al retrato ecuestre de la «princesa» Mari Carmen.

—¿Qué quieres que te regale? —preguntó Cristóbal a Alfonso.

—Me gustaría un retrato de Carmen —respondió.

—Dime el nombre del pintor.

—Salvador Dalí.

Y Dalí pintó a Mari Carmen. Pero lo peor fue que para darle mayor realce a la cosa, se montó un insólito y deprimente espectáculo, que constituyó una auténtica profanación del Museo del Prado, porque fue deseo de la novia que la última pincelada de su cuadro ecuestre la diera Salvador Dalí ante Las Meninas de Velázquez que ella admiraba tanto.

Lo peor es que a aquella bufonada de juzgado de guardia asistió medio Gobierno y, por supuesto, toda la prensa y la televisión.

«¡Ni que fuera la reina de España!», oí murmurar, por lo bajo, y muy bajo, a alguno de los asistentes. Yo también estaba allí y habría que leer, hoy, mi crónica en *Hola*.

No era la reina. Era algo más. Era la nieta más amadísima del dictador, que quería ser reina. Algo muy diferente. ¿Quién le estaba calentando el caletre a la muchacha? La corte de El Pardo.

Capítulo XXV

ARRIBA Y ABAJO

Y llegó el día más grande. Y el más desgraciado. España ya estaba dividida, como siempre, en dos. Los que habían sido invitados a la boda del régimen, a la boda de la conspiración, y los que no. Y éstos, a su vez, subdivididos en los de arriba y en los de abajo.

¿Ustedes recuerdan aquella deliciosa serie de televisión británica *Upstairs downstairs,* de criados y señores, de salones y cocinas, de plantas nobles y sótanos? En la boda de Mari Carmen y Alfonso hubo tal cantidad de invitados que éstos se dividieron en invitados de primera e invitados de segunda. Los más importantes, los más elegantes, los más enjoyados, los de más categoría, ocuparon los grandes salones de la primera planta del palacio de El Pardo. Al resto, los invitados más corrientes, más normalitos, aquellos que habían sido invitados a contrapelo, con recomendación o por obligaciones ineludibles, como algunos familiares de la novia, por la línea de Franco, los situaron abajo, en un patio entoldado.

Yo vi allí, porque también estuve invitado, entre otros, a la sobrina rebelde y «roja» del General, Pilar Jaraiz Franco y a todos sus hermanos, los hijos de la inefable Pilar, mezclados con ayudantes, amigos de Cristóbal y de Carmen, folclóricas, modistos, deportistas, empleados de Iberia, médicos de La Paz. Más de mil. No había comenzado todavía el desenganche, el cambio precipitado de chaqueta, las renuncias. Estoy seguro que si publicáramos la lista completa de invitados, aparte de ser una sorpresa para muchos, varios centenares de ellos no lo perdonarían.

Los de esta zona, los de abajo, no llegaron a ver siquiera al General, que sólo saludó a los de arriba. Y más vale que no lo hubiera hecho, porque la impresión que sacaron fue triste y lamentable: la de un Caudillo al que el uniforme de gala de gran almirante de la Armada, el más elegante de todos los uniformes militares, le venía grande, de consumido que estaba ya, y luciendo el collar pontificio de la Orden de Cristo —no se atrevió a llevar el Toisón de Oro que, ilegalmente, le había entregado el infante don Jaime—, un collar con el que ya ni podía.

Patético resultaba verle con la boca entreabierta y temblorosa, con las manos parkinsonianas y la lágrima pronta, humedeciendo sus mejillas, mientras arrastraba los pies tras los novios, que iban de mesa en mesa, recibiendo las felicitaciones de los invitados de primera.

Aunque se habían cursado invitaciones a todas las casas reales y jefaturas de Estado, sólo respondieron los príncipes de Mónaco, que iban a todas partes, la Begum madre, que no pintaba nada, el príncipe Bertil de Suecia y sus sobrinas Cristina y Desirée, que lo hacían por deferencia a Alfonso, el embajador de España en su país. Imelda Marcos, la esposa del corrupto presidente de Filipinas y corrupta ella, que no se perdía ningún acontecimiento de la familia Franco por línea de los Villaverde, por motivos «mercantiles». Y los dictadores que respondieron enviando la representación al más alto nivel, que ellos siempre consideran que es la filial. Y allí estaban Gustavo y Alfredo Stroessner, hijos del presidente de Paraguay, y María Magdalena y María Natalia, hijas del presidente de Portugal.

Mientras esto sucedía, el príncipe Felipe y las infantas Elena y Cristina jugaban en la escalinata que separaba a los de arriba de los de abajo con los hijos menores de los marqueses de Villaverde, con quienes mantenían una amistad «forzada» por las circunstancias. Y miss Hibbs, la preceptora inglesa de la familia, sin saber qué hacer con el ramillete de azahar y *mouguet* de la novia.

Para el infante don Jaime el día de la boda no fue totalmente feliz. Primero, por la presencia de su ex mujer Enmanuela Dampierre, a la que no veía desde que se separaron hacía casi treinta años y que tanto le había hecho sufrir, quitándole la potestad de sus hijos, y con la que tuvo que compartir mesa y foto familiar. Al infante le hubiese gustado estar allí con su compañera, Carlota Tiedemann, pero no se lo permitieron. Primero por la presencia de la Dampierre, que era la madre del novio; segundo, porque no estaba casado legalmente.

En principio, Madame Charlotte, como la llamaban los legitimistas franceses para no darle el título de duquesa de Segovia, se negó a que don Jaime viajara a Madrid si no lo hacía ella, como ya se había negado cuando la cena de pedida. Pero un maletín con algunos millones que Baldomero Palomares, paisano, compañero y amigo mío de la infancia, consejero nacional del Movimiento, procurador en Cortes, delegado nacional de Juventudes, secretario primero del Consejo Nacional del Movimiento (el segundo era Suárez), miembro de la comisión de Leyes Fundamentales y hoy ex director general adjunto de Tabacalera, le llevó a París hizo el milagro. Como también lo había hecho cuando el mismo Palomares acudió a visitar a don Jaime a París, con otro maletín, para que no sólo respaldara la decisión del General de nombrar a Juan Carlos su heredero a título de rey el 22 de julio de 1969, sino que elogiara tal decisión.

Por dinero, el infante, el hijo del último rey de España, que siempre estaba a la cuarta pregunta, hacía cualquier cosa. En este terreno no tuvo nunca la dignidad de su hijo Alfonso. Hasta llegó a sablear al General con numerosas peticiones económicas. Una vez incluso le solicitó humildemente quinientas mil pesetas. Y Franco le envió sólo trescientas mil. Hasta llegaron a hacerse colectas para crear un capitalito, cuyas rentas, pequeñas ellas, pudieran permitirle estar al abrigo de la necesidad. Pero no sólo se comió las rentas, sino también el capital. No tenía arreglo. Madame Charlotte, que tampoco tenía dignidad, sólo por dinero permitió que don Jaime pudiera estar junto a su hijo el día de la boda.

Franco, que se había negado a enviar un avión cuando la reina Victoria Eugenia regresó a España para amadrinar al príncipe Felipe —vino en avión de línea regular de Air France—, se apresuró a enviar un Mystère para que don Jaime viajara desde París a Madrid.

¡Qué tropa la del General y qué General el de esa tropa!

Don Jaime tampoco fue feliz el día de la boda, porque no sólo vio que Franco no llevaba el Toisón que él le había otorgado, sino que tampoco su hijo, a quien también se lo había «concedido» el día antes de la ceremonia, a los postres de un almuerzo en casa de su prima Blanca de Borbón, donde se alojaba, comida a la que también asistieron el príncipe Juan Carlos y Sofía. ¡Otro trago más, e iban ya...! De repente, don Jaime se levantó, «pronunció» unas palabras en tono solemne y sacándose del bolsillo un Toisón se lo impuso a su hijo.

Una vez más, el infante colocaba a Alfonso en una delicada situación. Si se lo ponía, desencadenaría un serio incidente con su primo Juan Carlos. Si no lo llevaba, ofendería a su padre.

—Cuando vi los ojos de mi padre posarse con reproche sobre mi uniforme, donde no brillaba más que la Cruz de Isabel la Católica, supe que le había proporcionado un gran disgusto y un gran sufrimiento.

Tan gran disgusto y sufrimiento que no se lo perdonó jamás. No quiso apadrinar a sus nietos. Se murió sin querer conocerlos.

Capítulo XXVI

SU ALTEZA REAL HA PARIDO. ¿LE DAMOS EL BIBERON AL SEÑOR?

Después de la boda, y al regreso de los novios, que ocuparon la habitación de «los monos» —así llamada por los tapices murales que la adornan—, El Pardo se transformó de la noche a la mañana en un auténtico palacio real donde cada miembro de la familia llegó a creerse lo que no era.

El protocolo, hasta entonces casi inexistente, ya que lo que había allí era un protocolo cuartelero, se impuso de una forma teatral, ridícula e hilarante. La vida de palacio empezó a girar sólo en torno a los nuevos «príncipes herederos», que, desde el primer día, actuaban como si ya lo fuesen.

Las normas impartidas por la Señora, que más que reina abuela parecía actuar de reina madre —la mamá vivía en Hermanos Bécquer—, eran muy estrictas. Los ayudantes, secretarios, generales, jefes de las Casas Civil y Militar y alto personal de El Pardo, que habían visto nacer y crecer a la niña, recibieron una orden: «Desde hoy, cuando se dirijan a la Princesa habrán de hacerlo siempre con el tratamiento de Alteza.»

—Si a Su Alteza le parece... ¿Me llamaba Su Alteza? Alteza, ¿servimos ya la comida? ¿Dónde prefiere Su Alteza que sirvamos el café, en el salón pompeyano, en la sala de Elías o en la salita gris como siempre?

Doña Carmen, en su locura «real» llegó a tales extremos de creerse lo de *alea jacta est,* que en la mesa, a la hora de la comida, dispuso que su muy amadísima nieta, su alteza real la princesa Mari Carmen, ocupara el lugar de honor por encima de su madre y de ella misma, que era su abuela. Y como tal, se le servía la primera, como cuenta Joaquín Bardavío.

La esperpéntica comedia «real» alcanzaría las máximas cotas de bufonada con el nacimiento del primer hijo de «Sus Altezas Reales», venido al mundo el 22 de noviembre de 1973 en el Sanatorio San Francisco de Asís. La Señora, buena bisabuela ella desde entonces, se pasaba el día preguntando a la *nurse*: «¿Le han dado ya el biberón al señor?» El tal señor no era otro que el pequeño Francisco, a quien llamaban Fran, que murió cuando el accidente de su padre.

Todas estas ridiculeces y muchas más, como la de obligar a las ministras a rendir pleitesía a la nieta, ya relatado en el capítulo dedicado a la Señora (de padre y muy señor mío), llegaron a influir de tal manera en María del Carmen que creyó ser la reina de España. Y como tal iba por el mundo, aunque este mundo se redujera al pueblerino Madrid de entonces.

Recuerdo un día en que «Su Alteza Real» acudió a un desfile de modas de alta peletería en Villagroy, la más famosa y elegante en aquellos tiempos. Mi sorpresa fue grande cuando observé que la niña había tomado asiento en un aparatoso sillón dorado de respaldo alto colocado sobre una tarima. A su alrededor, en sillitas plegables, todos los demás invitados entre los que se encontraban esposas de ministros y damas de la alta sociedad. Lo más curioso es que parecía sentirse, no violenta, sino absolutamente complacida y feliz. Como ese tonto a quien visten de rey en la feria del pueblo y no se da cuenta que todos se ríen de él. Curiosamente sus amigas, Chata López Sáez, Paty Galatas, Mayte Spinola Barreiros y otras, no sólo hacían de corte, sino también la reverencia.

—Después de la boda vino a verme para encargarme unos vestidos. Y cuando fui a darle un beso, como siempre, me tendió la mano y empezó a tratarme de usted —me cuenta el gran modisto Miguel Rueda.

Otro dato curioso, en este caso de la tacañería de la Señora. Un día que tenía que probarse después del matrimonio de la nieta, lo aprovechó para llevarle un recuerdo de la boda: tres puros que, además, llevaba en propia mano. Posiblemente en reconocimiento al traje de pedida que no había cobrado.

Esto, referente a ella. Lo de él, lo de Alfonso, era más grave. Y más peligroso, porque se sentía más fuerte frente a Juan Carlos, con el total respaldo de la corte de El Pardo. «Mi primo puede acabar mal», llegó a decirle a López Rodó, al que se quejó de un artículo en *ABC* que le atacaba por la ilegal utilización que hacía del título de príncipe. Estaba furioso por este tema. Hasta su tío Juan, el conde de Barcelona, se lo había recordado al enviarle la invitación para la boda de la infanta Margarita con Carlos Zurita (12 de octubre de 1972) a nombre de «Excelentísimo Señor Embajador de España». Y el embajador se la devolvió por no haber puesto «Su Alteza Real el Príncipe». Y no asistió. Y mejor fue así, porque en aquella boda, una de mis «cuarenta bodas reales», hubo sus más y sus menos al no querer don Juan la presencia del marqués de Villaverde en la lista de testigos del novio, puesto que, como jefe que era del doctor Zurita padre, en la Escuela Nacional de Cardiología, había sido invitado.

Al ser informado Franco por su yerno, que le fue en seguida con el chivatazo, de la negativa del conde de Barcelona, prohibió la presencia en la boda del embajador de España, que, además, representaría al General. ¡Qué tropa y qué General!

Como lo del título de príncipe seguía siendo la asignatura pendiente, Alfonso volvió a la carga. Y el General, por segunda vez, pero ésta sin precisar consulta, pidió a Carrero Blanco que preparara el decreto para «otorgar el título de príncipe de Borbón al marido de mi nieta». Por aquello no estaba dispuesto a pasar Juan Carlos. No le importaba tener que marcharse. Era la gota que había colmado el vaso de su paciencia que, miren por donde, es una de las cualidades que había demostrado hasta entonces en exceso. Y se presentó en el palacio de El Pardo, donde —¡oh, casualidad!— se topó cara a cara con su primo Alfonso, a quien creía en su puesto de embajador en Estocolmo. Pero no, se encontraba en Madrid, en palacio y como siempre conspirando. Los razonamientos de Juan Carlos debieron ser contundentes. «En la Casa Real española sólo existe un príncipe, que es el príncipe de Asturias. Crear otro sólo añadiría más confusión.»

Aunque el príncipe Juan Carlos amenazara con marcharse si se le otorgaba a su primo el título, sí le dio una muy honrosa salida para él y para el General: «Como no tiene ninguno y sólo es excelentísimo, otórguele un ducado con alteza real.»

Juan Carlos se marchó a Inglaterra y, a la vuelta, se encontró con un decreto por el que se concedía a «Su Alteza Real don Alfonso de Borbón Dampierre y a petición de Su Alteza Real el príncipe don Juan Carlos de Borbón y Borbón, el título de duque de Cádiz con el tratamiento de Alteza Real. Para él y sus descendientes. 20 de noviembre de 1972. Francisco Franco».

La dignidad quedaba a salvo. Era un mal menor. ¡Que lo tomen como regalo! Porque dos días después, el 22 de noviembre, María del Carmen Martínez Bordiu daba a luz su primer hijo. Ahora sí podía decirse con justicia que Su Alteza Real había parido.

Capítulo XXVII

DE REINA DE ESPAÑA A CHICA ALMODOVAR

Un 20 de noviembre de 1975 el General murió, y a toda la tropa «el pasado se les convirtió en un cubo lleno de ceniza», que diría Karl Sandbug. Todos, sin excepción, hubieran preferido desde ese día ser un Martínez cualquiera.

La muerte del General terminó con el último acto de la comedia: el de las reservas, las simulaciones y los intentos de ambos por atenuar los defectos del otro. Ella empezó a ver que Su Alteza Real, su marido, era un pesimista, un introvertido, un triste, un amargado, un inseguro y un pretencioso que le aburría. El, que Su Alteza Real, su esposa, seguía siendo caprichosa, poco madura, irreflexiva, ligera y sin conocimiento real de la vida. ¡Que también tenía gracia! ¿Quién le había puesto la etiqueta que le estaba negando a la niña su propio potencial de crecimiento? Su Alteza Real, la duquesa de Cádiz, Su Alteza Real la «princesa de Borbón» empezó a deshacer los nudos que la ataban a ese presente y al pasado inmediato. Y se quitó, si no la careta, sí la etiqueta que le impedía crecer, cambiar y hacer su vida de ahora en adelante, la única vida que tenía, estimulante y llena de momentos plenos y felices. Para ello contó con la inestimable ayuda de Isabel Preysler —su amiga y vecina de San Francisco de Sales, el piso regalo de la abuelita—, que se aburría, porque su marido, Julio Iglesias, se creía también otro rey, aunque fuera de la canción. Y como tal vivía. Y como tal la tenía abandonada, porque se debía a sus *fans*, como Alfonso a los suyos, que deseaban perpetuar el franquismo sin Franco.

Aquí se produjo un fenómeno a la inversa. Isabel era una trepa social que quería ennoblecerse. Mari Carmen, una noble que quería envilecerse. Pero las dos por un mismo motivo: la duquesa estaba harta del duque y del ducado. La filipina de ser, simplemente, la mujer del bufón al que invitaban a cenar en la corte de El Pardo. «Siempre había un o una gilipollas que aparecía con una guitarra en la mano diciendo: Julito, ¿por qué no nos diviertes con una canción?» Mientras Isabel, la aburrida esposa, decía: «No entiendo cómo pueden gustar, tan cursis y empalagosas como son.»

Y la una se valió de la otra para romper la situación. No les importó tener tres hijos una, la otra dos. «Si me clasifican o me etiquetan, me niego», pensarían al unísono con Kierkegaard, aunque ninguna de las dos sabía, con toda probabilidad, quién era Kierkegaard.

Hubo influencias más nefastas y sutiles. Las que suelen aparecer en las rupturas matrimoniales, reconocería Su Alteza Real, el desgraciado Alfonso, en sus *Memorias.*

Y llevaba toda la razón, porque la «niña Isabel» y la nietísima del General se convirtieron en amigas inseparables de correrías y cómplices de mutuas infidelidades. Fuera y dentro de España. El malogrado Juan March Cencillo, fallecido en la primavera del 92, contó a Lola Díaz, la entrevistadora estrella de *Cambio 16,* que «Isabel Preysler, cuando todavía era la mujer de Julito, y Carmen, cuando todavía era duquesa de Cádiz, venían a la habitación que yo tenía en la torre de la casa de mis padres y allí nos relajábamos, hacíamos risas, travesuras y picardías... Y no voy a entrar en detalles porque yo soy un caballero».

No sé lo que entendería Juan March, jr. por «picardía», pero según el diccionario es, entre otras cosas, «travesura de muchachos o acciones deshonestas o impúdicas». ¡Ay, ese pasado!, siempre es presente, querida Isabel.

La ruptura de «niña Isabel» tuvo su origen en mi propio despacho de *¡Hola!*, una hermosa mañana de primavera de 1978.

Como todos los días, nada más llegar, puse en marcha el contestador automático en el que, entre otros mensajes de voces que se identificaban, escuché una voz femenina, anónima ella, aunque luego pude identificar, que me informaba de unas supuestas infidelidades de la esposa de mi amigo y compadre (Julio fue padrino de mi segunda boda), haciéndome saber incluso el lugar donde Isabel se citaba con su amante, que no era otro que el marqués de Griñón.

Por aquel entonces yo estimaba mucho a la mujer de Julio. Y la llamé para advertirle que alguien la quería mal y deseaba hacerle daño.

No habían transcurrido treinta minutos cuando «niña Isabel» se presentó en mi despacho de la calle Miguel Angel. Pero no venía sola. La acompañaba su íntima amiga de aventuras, correrías e infidelidades, la entonces todavía Alteza Real, duquesa de Cádiz.

Juntas deseaban escuchar (lo hicieron una y otra vez) la cinta del contestador intentando identificar aquella voz anónima y delatora.

Isabel, descompuesta, desencajada y nerviosa, me pidió que le prestara la cinta. Y con ella en el bolso se marcharon la mujer del duque y la mujer del cantante. Cuando se hubieron ido, tuve un presentimiento: el encuentro con Julio, que llegaba esa noche procedente de Argentina, no iba a ser precisamente feliz. No me equivoqué.

A las veinticuatro horas Julio, acompañado de su *manager* Alfredo Fraile, se presentó en mi despacho para hacerme entrega del siguiente comunicado: «Saliendo al paso de posibles especulaciones o noticias escandalosas, que pueden tener origen en la situación personal nuestra, conjuntamente nos consideramos obligados a explicar de una vez para siempre la determinación a la que libremente hemos llegado de separarnos legalmente.»

Y firmaban dicho comunicado Julio Iglesias y María Isabel Preysler Arrastia, que, desde ese momento, dejaba de ser la machadiana esposa infiel:

> Tres veces dormí contigo
> tres veces infiel me fuiste
> morena, conmigo mismo.

Porque no más de tres visitas de veinticuatro horas cada una había realizado Julio a lo largo de todo el año, Julito, un típico macho español, muy celoso, que la tenía muy controlada y que creía ingenuamente que «la vida seguía igual», cuando desde hacía tiempo su mujer se estaba acostando con el marqués.

En ese preciso momento, «niña Isabel», que no había tenido cuidado, dejaba de ser quien era y acababa de dar el primer paso para convertirse en la marquesa de Griñón, cuando —¡oh, ironía!— su amiga María del Carmen lo que deseaba con ardor era dejar de ser la duquesa del patriótico culebrón...

—Esas personas no dejaban de encomiarle los encantos de la libertad. En dichas reuniones se respiraba un aire de independencia e irresponsabilidad. Hubiera debido prestarle más atención —reconoce el pobre duque, al referirse a Isabel como «la manzana podrida que estropea todo el cesto».

Posiblemente, en su estricta moral de escuela, llevaba razón, pero se olvidaba que cuando alguien desea irse, se va. Y si aparece en su vida un garañón «en forma de señor que tenía menos problemas que yo y se mostraba, probablemente, más apto [¿sexualmente?] para divertirla», que ya es humillante tal confesión, mejor que mejor.

No fue impedimento ni el tratamiento, ni el título, ni los hijos, ni la memoria del abuelito al que ya no había que temer porque se había ido, ni el dolor de la abuelita, ni la opinión pública para que después de haber desafiado al escándalo se liara la manta a la cabeza y se marchara porque «nuestra unión había dejado de divertirle».

Lo más cruel es que Su Alteza Real la duquesa de Cádiz eligió para hacerlo el día y el momento más inoportuno. El mismo en que estrenaban su chalet de Puerta de Hierro, el mismo día que sin estar aún terminada la decoración, transportaban todo lo que poseían, dejando el piso de la abuela en San Francisco de Sales para vivir en lo que el pobre Alfonso pensaba que iba a ser el sueño de su vida, un sueño que, al fin, se cumplía. El, que desde niño, sólo había conocido internados, hoteles, colegios mayores y casas prestadas, por fin, iba a tener su primer y definitivo hogar.

Y fue ese mismo día y no otro, a la hora de la cena, cuando María del Carmen le dispara en pleno corazón a su marido: «Mañana voy a abandonarte.»

¿Tanto odio y tanto resentimiento abrigaba contra él?

Y se fue. Para siempre. Más allá de los Pirineos. Para convertirse, ella, Su Alteza Real la duquesa de Cádiz y «princesa de Borbón», en la amante de un gabacho que, aunque viejo, tenía fama de ser un superdotado. Dos ex esposas, que seguían viviendo en el mismo edificio, podían atestiguarlo. ¡Ella que tanto se había aburrido haciendo el amor con Su Alteza!

Lo demás fue una «cuesta abajo en la rodada». Dejó de ser duquesa y alteza real para convertirse en la señora de Rossi.

Y aunque abandonó a dos hijos (uno de ellos murió trágicamente después de marcharse ella), quiso tener uno propio, porque a lo mejor éste era fruto de su amor y no de la comedia que había sido su vida matrimonial.

No le importó convertirse en dependienta de la tienda de antigüedades de Rossi en Fabourg St. Honoré, como tampoco vender sus exclusivas, ser reportera, presentadora de televisión y hasta manifestar que lo que de verdad, de verdad, deseaba era convertirse en «chica Almodóvar».

Ella, precisamente ella, que había querido ser reina de España.

La comedia y este libro *c'est fini.*

BIBLIOGRAFIA

Balansó, Juan, *La familia real y la familia irreal,* Planeta, Barcelona, 1992.
Bardavío, Joaquín, *La rama trágica de los Borbones,* Plaza y Janés, Barcelona, 1989.
Borbón-Dampierre, Alfonso de, *Memorias,* Ediciones B, Barcelona, 1990.
Fraga Iribarne, Manuel, *Memoria breve de una vida pública,* Planeta, Barcelona, 1988.
Franco Salgado-Araujo, Francisco, *Mis conversaciones privadas con Franco,* Planeta, Barcelona, 1976.
Fuente, Ismael, *La duquesa,* Ediciones Temas de Hoy, Madrid, 1990.
Garriga Alemany, Ramón, *La señora de El Pardo,* Planeta, Barcelona, 1980.
Gil, Vicente, *Cuarenta años junto a Franco,* Planeta, Barcelona, 1981.
Hills, George, *Franco. El hombre y su nación,* Editorial Librería San Martín, Madrid, 1968.
Jaraiz Franco, Pilar, *Historia de una disidencia,* Planeta, Barcelona, 1983.
Noel, Gerard, *Ena, Spain's English Queen,* Constable, Londres, 1984.

Pozuelo, Vicente, *Los últimos 476 días de Franco,* Planeta, Barcelona, 1981.
Sánchez Soler, Mariano, *Villaverde. Fortuna y caída de la casa Franco,* Planeta, Barcelona, 1990.
Toquero, José María, *Franco y Don Juan. La oposición monárquica al franquismo,* Plaza y Janés, Barcelona, 1989.

INDICE ONOMASTICO